# Nola the Nurse®

## Math Workbook for Kindergarten

### Volume 3

by Dr. Scharmaine L. Baker NP

Illustrated by Marvin Alonso

New Orleans, Louisiana

COPYRIGHT ©2016 by Dr. Scharmaine L. Baker and its licensors.
All rights reserved.

No part of this book may be reproduced or transmitted in any form or by any means, electronic or mechanical, including photocopy, recording, or by any information storage and retrieval system without the written permission of the publisher or author except where permitted by law.

For information address A DrNurse Publishing House
2475 Canal Street, Suite 105, New Orleans, La. 70119
www.NolatheNurse.com

ISBN-13: 978-1-945088-07-0
ISBN-10: 1-945088-07-0

Author Contact info:
DrBakerNP@NolaTheNurse.com

www.DrBakerNP.com
www.NolaTheNurse.com

Name _____
Date _____

## Sum of two 1-digit numbers without carry

```
  2        4        3        5
 +3       +5       +6       +1
 ___      ___      ___      ___

  3        4        2        5
 +5       +2       +7       +2
 ___      ___      ___      ___

  6        5        6        7
 +2       +3       +1       +2
 ___      ___      ___      ___

  3        4        5        6
 +5       +3       +2       +3
 ___      ___      ___      ___

  8        4        1        5
 +1       +4       +6       +3
 ___      ___      ___      ___
```

Grade

Name _____
Date _____

## Sum of two 1-digit numbers without carry

```
  3        2        5        4
 +5       +7       +1       +5
 ___      ___      ___      ___

  2        4        1        2
 +6       +2       +7       +2
 ___      ___      ___      ___

  3        2        7        3
 +4       +1       +2       +1
 ___      ___      ___      ___

  6        5        5        1
 +2       +4       +2       +3
 ___      ___      ___      ___

  4        6        3        3
 +3       +3       +3       +2
 ___      ___      ___      ___
```

Grade

Name _____
Date _____

## Sum of two 1-digit numbers without carry

```
  1        4        2        6
 +2       +1       +4       +1
___      ___      ___      ___


  1        1        4        1
 +8       +6       +4       +4
___      ___      ___      ___


  5        2        5        8
 +3       +3       +1       +1
___      ___      ___      ___


  2        1        7        1
 +5       +1       +1       +5
___      ___      ___      ___


  4        4        3        2
 +5       +4       +6       +4
___      ___      ___      ___
```

Grade

Name _____
Date _____

## Sum of two 1-digit numbers without carry

```
  1          2          3          1
 +5         +6         +5         +6
 ___        ___        ___        ___


  6          1          2          1
 +2         +3         +4         +5
 ___        ___        ___        ___


  3          1          5          2
 +4         +8         +2         +2
 ___        ___        ___        ___


  5          2          5          6
 +4         +3         +3         +1
 ___        ___        ___        ___


  6          3          6          1
 +1         +6         +3         +4
 ___        ___        ___        ___
```

Grade

Name _____
Date _____

## Sum of two 1-digit numbers without carry

```
  3        1        4        2
 +3       +1       +3       +4
 ___      ___      ___      ___


  1        7        4        7
 +2       +1       +5       +2
 ___      ___      ___      ___


  4        2        1        4
 +2       +7       +7       +5
 ___      ___      ___      ___


  4        2        4        3
 +4       +5       +1       +2
 ___      ___      ___      ___


  3        5        8        2
 +1       +1       +1       +1
 ___      ___      ___      ___
```

Grade

Name _____
Date _____

## Sum of two 1-digit numbers with carry

```
   5         6         4         5
  +8        +4        +7        +7
 ____      ____      ____      ____

   8         8         7         7
  +7        +2        +7        +6
 ____      ____      ____      ____

   3         4         9         8
  +7        +6        +8        +9
 ____      ____      ____      ____

   6         7         5         9
  +5        +8        +6        +6
 ____      ____      ____      ____

   4         7         8         8
  +8        +5        +5        +4
 ____      ____      ____      ____
```

Grade

Name _____
Date _____

## Sum of two 1-digit numbers with carry

```
  5        2        8        7
 +9       +8       +6       +3
 ___      ___      ___      ___

  3        6        7        7
 +9       +7       +9       +4
 ___      ___      ___      ___

  5        9        6        2
 +5       +3       +8       +9
 ___      ___      ___      ___

  6        8        3        9
 +9       +8       +8       +5
 ___      ___      ___      ___

  9        9        6        4
 +4       +7       +6       +9
 ___      ___      ___      ___
```

Grade

Name _____
Date _____

## Sum of two 1-digit numbers with carry

```
  8        8        7        1
 +7       +3       +6       +9
 ___      ___      ___      ___

  8        2        5        4
 +2       +8       +9       +9
 ___      ___      ___      ___

  3        7        4        9
 +8       +5       +6       +6
 ___      ___      ___      ___

  7        7        5        5
 +9       +8       +7       +8
 ___      ___      ___      ___

  8        4        7        7
 +8       +7       +3       +7
 ___      ___      ___      ___
```

Grade

Name _____
Date _____

## Sum of two 1-digit numbers with carry

```
   9         8         3         9
  +4        +6        +7        +7
 ___       ___       ___       ___

   8         5         4         5
  +5        +6        +8        +5
 ___       ___       ___       ___

   9         8         6         6
  +5        +4        +5        +4
 ___       ___       ___       ___

   7         6         6         6
  +4        +8        +6        +9
 ___       ___       ___       ___

   9         8         9         2
  +3        +9        +2        +9
 ___       ___       ___       ___
```

Grade

Name _____
Date _____

## Sum of two 1-digit numbers with carry

```
  8         5         9         8
 +3        +9        +6        +8
____      ____      ____      ____


  8         4         6         9
 +6        +8        +4        +3
____      ____      ____      ____


  8         7         5         3
 +9        +4        +5        +7
____      ____      ____      ____


  4         7         4         7
 +7        +9        +9        +9
____      ____      ____      ____


  8         9         6         3
 +4        +3        +8        +9
____      ____      ____      ____
```

Grade

Name _____
Date _____

## Sum of two 2-digit numbers with carry

```
  25        63        34        55
 +38       +43       +47       +47
 ___       ___       ___       ___


  84        84        37        75
 +73       +24       +75       +65
 ___       ___       ___       ___


  37        54        93        28
 +73       +67       +83       +59
 ___       ___       ___       ___


  67        73        57        92
 +53       +87       +62       +36
 ___       ___       ___       ___


  24        74        28        18
 +48       +35       +65       +74
 ___       ___       ___       ___
```

Grade
☆ ☆ ☆
☆ ☆

Name _____
Date _____

## Sum of two 2-digit numbers without carry

```
  32        14        23        25
 +63       +45       +46       +51
 ___       ___       ___       ___


  23        64        52        15
 +35       +32       +17       +52
 ___       ___       ___       ___


  16        75        16        37
 +72       +13       +61       +32
 ___       ___       ___       ___


  63        44        75        16
 +25       +43       +22       +13
 ___       ___       ___       ___


  48        44        71        35
 +21       +54       +26       +53
 ___       ___       ___       ___
```

Grade

Name _____
Date _____

## Sum of two 2-digit numbers without carry

```
 73      15      64      20
+23     +14     +23     +78
___     ___     ___     ___

 51      37      43      70
+12     +51     +51     +24
___     ___     ___     ___

 54      23      31      43
+32     +71     +67     +55
___     ___     ___     ___

 34      52      34      30
+54     +45     +11     +31
___     ___     ___     ___

 33      52      80      23
+12     +11     +19     +14
___     ___     ___     ___
```

Grade
☆ ☆ ☆
☆ ☆

Name _____
Date _____

## Sum of two 2-digit numbers without carry

```
  52        24        53        45
 +23       +35       +46       +21
 ___       ___       ___       ___

  63        74        12        45
 +25       +02       +77       +32
 ___       ___       ___       ___

  61        25        46        37
 +24       +63       +31       +12
 ___       ___       ___       ___

  23        54        45        46
 +55       +33       +52       +13
 ___       ___       ___       ___

  48        40        14        53
 +31       +43       +62       +32
 ___       ___       ___       ___
```

Grade

Name _____
Date _____

## Sum of two 2-digit numbers without carry

```
  61        54        32        65
 +22       +11       +14       +14
 ___       ___       ___       ___

  15        12        33        31
 +83       +61       +44       +54
 ___       ___       ___       ___

  53        32        45        78
 +33       +63       +31       +11
 ___       ___       ___       ___

  22        13        74        63
 +25       +15       +13       +12
 ___       ___       ___       ___

  13        43        34        43
 +54       +41       +65       +36
 ___       ___       ___       ___
```

Grade ☆☆☆ ☆☆

Name _____
Date _____

## Sum of two 2-digit numbers without carry

```
  23        71        34        32
 +23       +01       +13       +34
 ___       ___       ___       ___


  31        17        40        76
 +52       +41       +50       +23
 ___       ___       ___       ___


  45        24        18        42
 +23       +73       +71       +54
 ___       ___       ___       ___


  41        23        43        63
 +44       +53       +15       +12
 ___       ___       ___       ___


  36        54        83        26
 +11       +13       +11       +12
 ___       ___       ___       ___
```

Grade
☆ ☆ ☆
☆ ☆

Name _____
Date _____

## Sum of two 2-digit numbers without carry

```
  13        27        83        31
 +56       +62       +15       +56
 ___       ___       ___       ___

  16        51        42        71
 +12       +43       +64       +15
 ___       ___       ___       ___

  63        51        75        12
 +34       +38       +22       +82
 ___       ___       ___       ___

  50        29        57        68
 +04       +30       +32       +10
 ___       ___       ___       ___

  67        33        66        13
 +12       +63       +31       +44
 ___       ___       ___       ___
```

Grade

Name _____
Date _____

## Sum of two 2-digit numbers without carry

| 63 | 71 | 21 | 34 |
|---|---|---|---|
| +32 | +18 | +17 | +31 |

| 30 | 40 | 20 | 45 |
|---|---|---|---|
| +25 | +25 | +74 | +32 |

| 66 | 52 | 68 | 57 |
|---|---|---|---|
| +23 | +36 | +11 | +32 |

| 30 | 42 | 58 | 69 |
|---|---|---|---|
| +25 | +35 | +21 | +30 |

| 85 | 47 | 71 | 35 |
|---|---|---|---|
| +13 | +42 | +26 | +23 |

Grade

Name _____
Date _____

## Sum of two 2-digit numbers without carry

| 13 | 42 | 50 | 54 |
|+85 |+27 |+15 |+25 |

| 25 | 54 | 19 | 20 |
|+62 |+32 |+70 |+25 |

| 36 | 72 | 74 | 34 |
|+42 |+21 |+24 |+10 |

| 65 | 54 | 52 | 16 |
|+22 |+42 |+26 |+32 |

| 46 | 63 | 35 | 33 |
|+33 |+32 |+32 |+22 |

Grade

Name _____
Date _____

## Sum of two 2-digit numbers without carry

```
  20        68        43        34
+18       +20       +20       +62
____      ____      ____      ____

____      ____      ____      ____


  15        20        31        12
+42       +16       +40       +40
____      ____      ____      ____

____      ____      ____      ____


  56        29        25        73
+43       +30       +24       +12
____      ____      ____      ____

____      ____      ____      ____


  15        74        82        13
+73       +15       +16       +65
____      ____      ____      ____

____      ____      ____      ____


  40        54        34        30
+55       +34       +62        25
____      ____      ____      ____

____      ____      ____      ____
```

Grade
☆ ☆ ☆
☆ ☆

Name _____
Date _____

## Sum of two 2-digit numbers without carry

```
  31        32        53        19
 +45       +56       +35       +60
 ___       ___       ___       ___


  60        17        26        10
 +28       +32       +42       +59
 ___       ___       ___       ___


  30        15        51        28
 +43       +84       +22       +21
 ___       ___       ___       ___


  52        23        56        66
 +46       +35       +31       +13
 ___       ___       ___       ___


  65        30        65         1
 +11       +69       +33        +4
 ___       ___       ___       ___
```

Grade

Name _____
Date _____

## Sum of two 2-digit numbers with carry

| 25 | 63 | 34 | 55 |
|+38 |+43 |+47 |+47 |
|____|____|____|____|

| 84 | 84 | 37 | 75 |
|+73 |+24 |+75 |+65 |
|____|____|____|____|

| 37 | 54 | 93 | 28 |
|+73 |+67 |+83 |+59 |
|____|____|____|____|

| 67 | 73 | 57 | 92 |
|+53 |+87 |+62 |+36 |
|____|____|____|____|

| 24 | 74 | 28 | 18 |
|+48 |+35 |+65 |+74 |
|____|____|____|____|

Grade

Name _____
Date _____

## Sum of two 2-digit numbers with carry

```
  28        75        29        38
+23       +29       +56       +18
____      ____      ____      ____


  83        43        63        19
+63       +81       +41       +13
____      ____      ____      ____


  28        37        85        33
+49       +14       +15       +77
____      ____      ____      ____


  94        87        74        67
+70       +19       +29       +49
____      ____      ____      ____


  48        94        16        33
+44       +43       +68       +93
____      ____      ____      ____
```

Grade

Name _____
Date _____

## Sum of two 2-digit numbers with carry

| 25 | 12 | 88 | 17 |
|---|---|---|---|
| +89 | +68 | +36 | +43 |

| 36 | 46 | 47 | 17 |
|---|---|---|---|
| +49 | +76 | +94 | +46 |

| 45 | 19 | 66 | 12 |
|---|---|---|---|
| +65 | +36 | +84 | +69 |

| 66 | 68 | 36 | 91 |
|---|---|---|---|
| +96 | +65 | +81 | +51 |

| 96 | 69 | 66 | 41 |
|---|---|---|---|
| +40 | +17 | +61 | +96 |

Grade

Name _____
Date _____

## Sum of two 2-digit numbers with carry

```
  28        68        27        12
+65       +36       +16       +69
____      ____      ____      ____


  86        22        35        14
+22       +18       +29       +19
____      ____      ____      ____


  23        47        44        79
+86       +35       +36       +36
____      ____      ____      ____


  77        27        52        51
+93       +98       +72       +81
____      ____      ____      ____


  22        24        27        27
+28       +47       +23       +77
____      ____      ____      ____
```

Grade

Name _____
Date _____

## Sum of two 2-digit numbers with carry

```
  69        28        23        49
 +64       +66       +27       +47
 ___       ___       ___       ___


  98        95        84        75
 +15       +86       +78       +65
 ___       ___       ___       ___


  79        68        36        56
 +55       +64       +75       +54
 ___       ___       ___       ___


  37        26        26        66
 +24       +28       +46       +29
 ___       ___       ___       ___


  29        28        69        12
 +23       +19       +12       +92
 ___       ___       ___       ___
```

Grade

Name _____
Date _____

## Sum of two 2-digit numbers with carry

```
  38        15        69        78
+ 53      + 69      + 46      + 58
____      ____      ____      ____

  28        34        46        59
+ 16      + 28      + 34      + 43
____      ____      ____      ____

  68        67        75        43
+ 59      + 54      + 75      + 37
____      ____      ____      ____

  34        67        34        47
+ 27      + 29      + 29      + 39
____      ____      ____      ____

  38        90        66        43
+ 74      + 30      + 85      + 49
____      ____      ____      ____
```

Grade

Name _____
Date _____

## Sum of two 2-digit numbers with carry

```
  63        93        19        29
 +29       +31       +32       +49
 ___       ___       ___       ___


  86        17        45        18
 +73       +44       +15       +78
 ___       ___       ___       ___


  37        44        44        88
 +74       +26       +74       +49
 ___       ___       ___       ___


  49        48        37        54
 +35       +13       +56       +36
 ___       ___       ___       ___


  37        68        69        26
 +49       +26       +17       +14
 ___       ___       ___       ___
```

Grade

Name _____
Date _____

## Sum of two 2-digit numbers with carry

```
  18        76        29        25
 +67       +28       +44       +56
 ___       ___       ___       ___


  23        90        49        45
 +27       +37       +41       +46
 ___       ___       ___       ___


  19        84        45        64
 +48       +24       +38       +44
 ___       ___       ___       ___


  56        40        63        49
 +44       +92       +48       +45
 ___       ___       ___       ___


  29        69        66        24
 +64       +47       +66       +69
 ___       ___       ___       ___
```

Grade

Name _____
Date _____

## Sum of two 2-digit numbers with carry

```
  85        58        57        35
 +37       +33       +36       +55
 ___       ___       ___       ___

  54        53        55        24
 +55       +55       +95       +49
 ___       ___       ___       ___

  37        47        54        95
 +87       +25       +56       +65
 ___       ___       ___       ___

  70        37        55        55
 +90       +58       +37       +81
 ___       ___       ___       ___

  84        44        70        47
 +48       +27       +30       +72
 ___       ___       ___       ___
```

Grade

Name _____
Date _____

## Sum of two 2-digit numbers with carry

| 45 | 34 | 33 | 49 |
| +61 | +66 | +58 | +67 |
| ____ | ____ | ____ | ____ |

| 86 | 56 | 44 | 35 |
| +54 | +64 | +68 | +35 |
| ____ | ____ | ____ | ____ |

| 39 | 28 | 16 | 26 |
| +45 | +24 | +25 | +44 |
| ____ | ____ | ____ | ____ |

| 17 | 26 | 36 | 26 |
| +14 | +48 | +16 | +39 |
| ____ | ____ | ____ | ____ |

| 39 | 18 | 79 | 12 |
| +13 | +19 | +12 | +29 |
| ____ | ____ | ____ | ____ |

Grade

Name _____
Date _____

Circle the correct number

1 — 2 — 3 — 4 ⋯ 5
           4 ⋯ 7

3 — 4 — 5 — 6 ⋯ 9
           6 ⋯ 7

2 — 3 ⋯ 8 ⋯ 5 — 6
    3 ⋯ 4 ⋯ 5

Grade

Name _____
Date _____

Circle the correct number

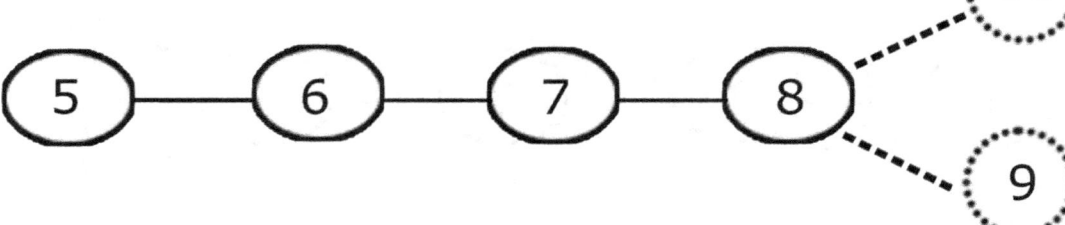

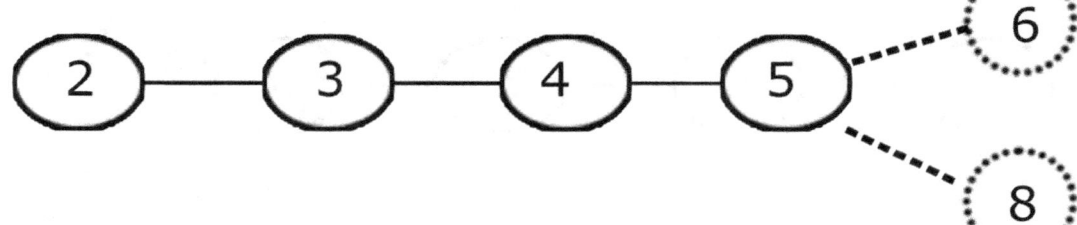

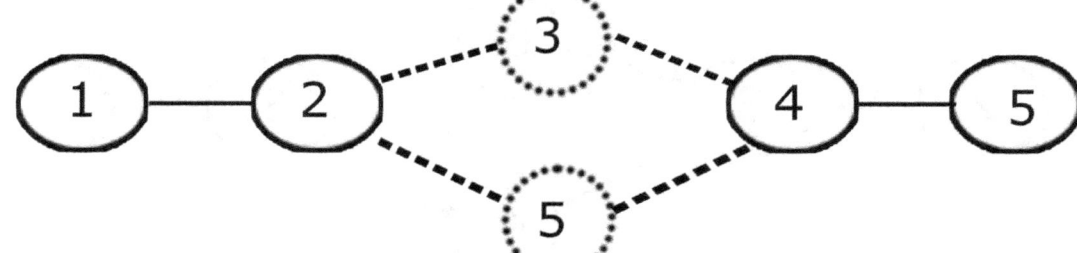

Grade

Name _____
Date _____

## Circle the correct number

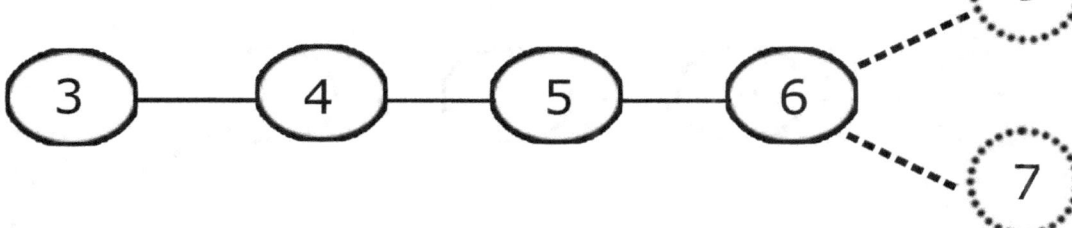
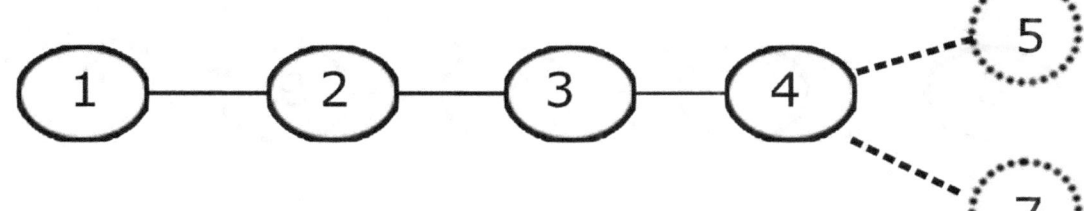
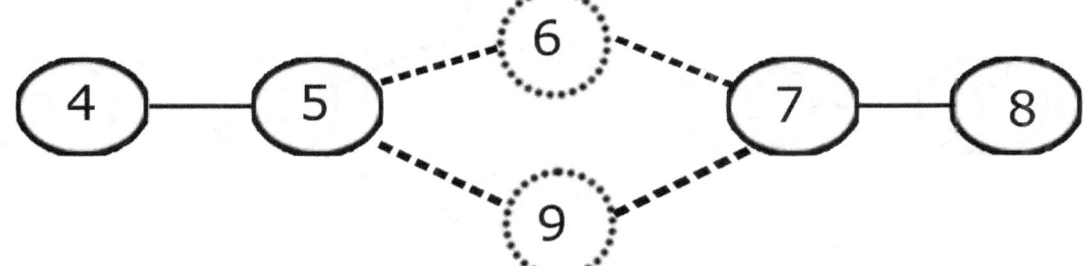

Grade

Name _____
Date _____

## Circle the correct number

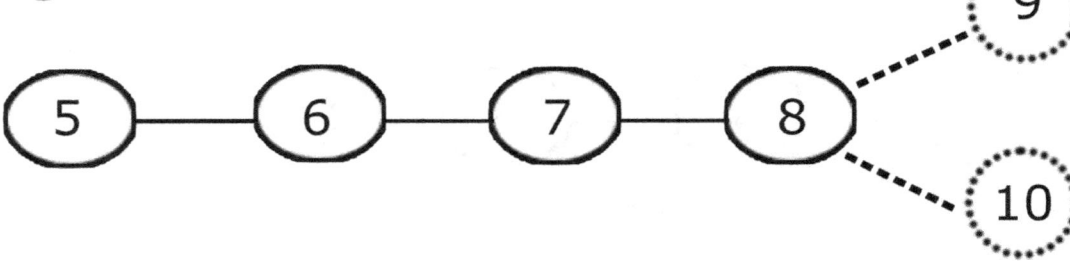
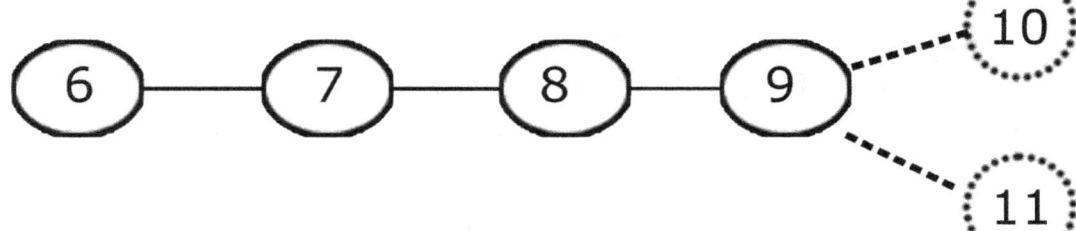
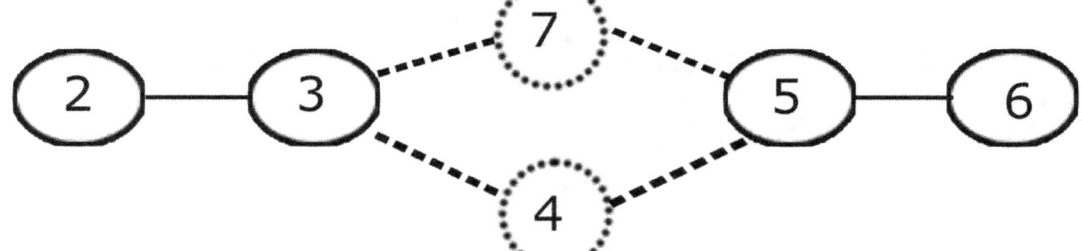

Grade

Name _____
Date _____

## Circle the correct number

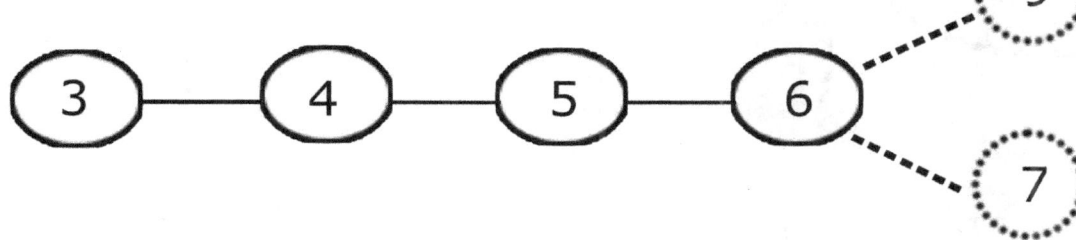
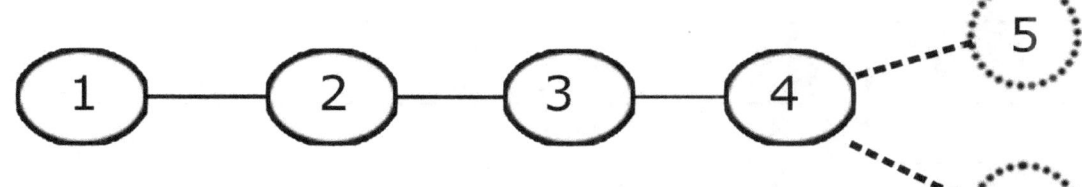
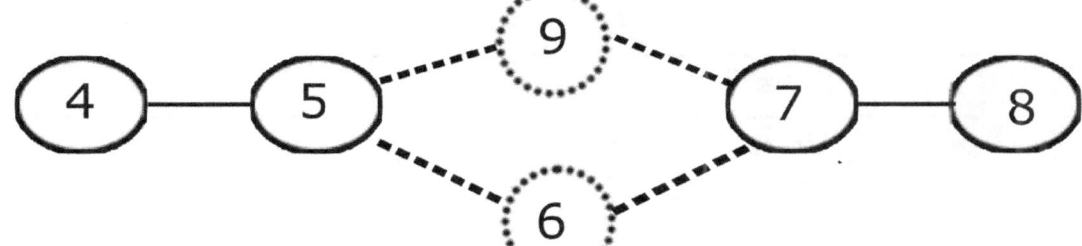

Grade

# 0

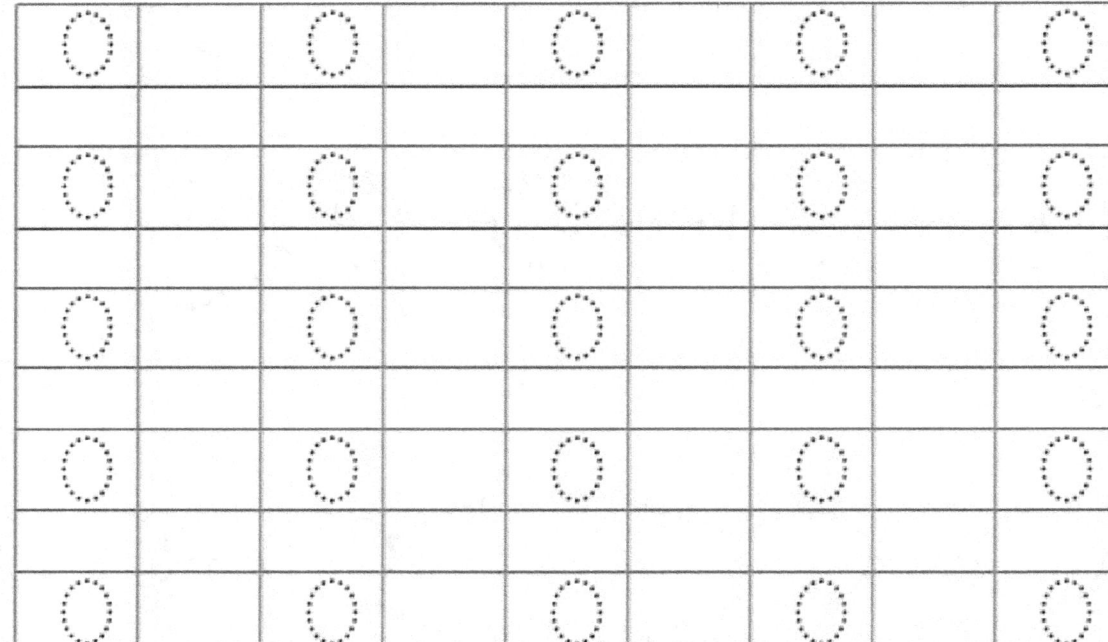

Name _____
Date _____

Grade
☆ ☆ ☆
☆ ☆

# 0

Name _____
Date _____

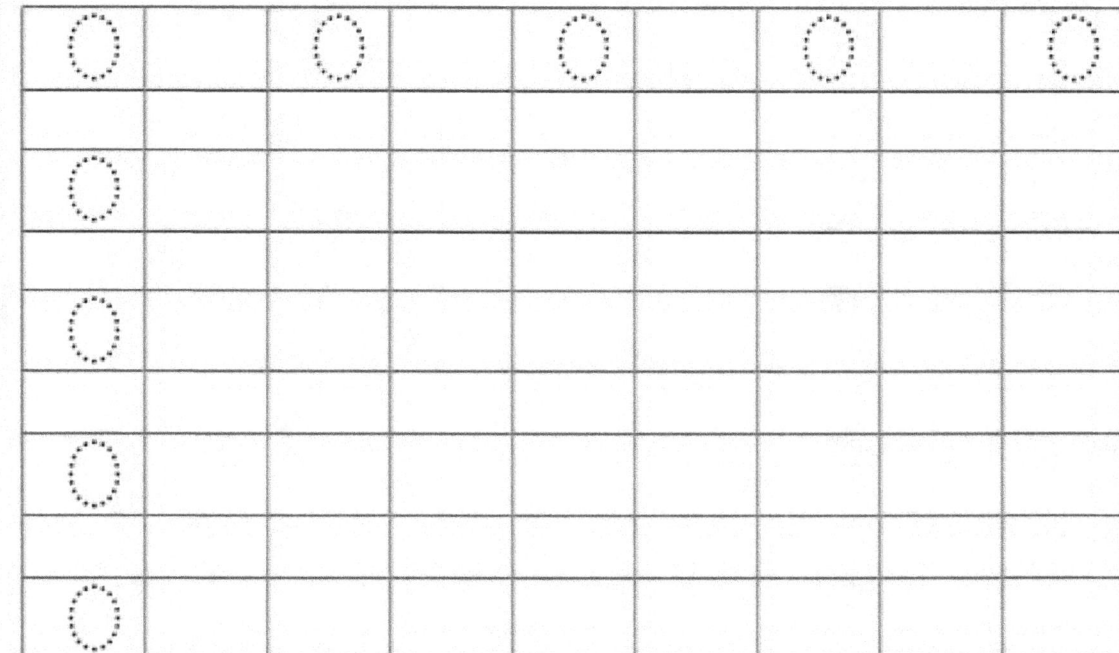

Grade
☆ ☆ ☆
☆ ☆

# 1

Name _____
Date _____

|  |  |  |  |  |
|---|---|---|---|---|
| 1 | 1 | 1 | 1 | 1 |
|  |  |  |  |  |
| 1 | 1 | 1 | 1 | 1 |
|  |  |  |  |  |
| 1 | 1 | 1 | 1 | 1 |
|  |  |  |  |  |
| 1 | 1 | 1 | 1 | 1 |
|  |  |  |  |  |
| 1 | 1 | 1 | 1 | 1 |

Grade
☆ ☆ ☆
☆ ☆

Name _____
Date _____

# 1

| 1 | | | 1 | | | 1 | | | 1 | | | 1 | |
|---|---|---|---|---|---|---|---|---|---|---|---|---|---|
| 1 | | | | | | | | | | | | | |
| 1 | | | | | | | | | | | | | |
| 1 | | | | | | | | | | | | | |
| 1 | | | | | | | | | | | | | |

Grade
☆ ☆ ☆
☆ ☆

# 2

| 2 | | 2 | | 2 | | 2 | | 2 |
|---|---|---|---|---|---|---|---|---|
| 2 | | 2 | | 2 | | 2 | | 2 |
| 2 | | 2 | | 2 | | 2 | | 2 |
| 2 | | 2 | | 2 | | 2 | | 2 |
| 2 | | 2 | | 2 | | 2 | | 2 |

Name _____
Date _____

Grade
☆ ☆ ☆
☆ ☆

Name _____
Date _____

# 2

| 2 | | 2 | | 2 | | 2 | | 2 |
|---|---|---|---|---|---|---|---|---|
| 2 | | | | | | | | |
| 2 | | | | | | | | |
| 2 | | | | | | | | |
| 2 | | | | | | | | |

Grade
☆ ☆ ☆
☆ ☆

Name _____
Date _____

# 3

| 3 | | 3 | | 3 | | 3 | | 3 |
|---|---|---|---|---|---|---|---|---|
| | | | | | | | | |
| 3 | | 3 | | 3 | | 3 | | 3 |
| | | | | | | | | |
| 3 | | 3 | | 3 | | 3 | | 3 |
| | | | | | | | | |
| 3 | | 3 | | 3 | | 3 | | 3 |
| | | | | | | | | |
| 3 | | 3 | | 3 | | 3 | | 3 |

Grade

Name _____
Date _____

# 3

| 3 | | 3 | | 3 | | 3 | | 3 |
|---|---|---|---|---|---|---|---|---|
|   |   |   |   |   |   |   |   |   |
| 3 |   |   |   |   |   |   |   |   |
|   |   |   |   |   |   |   |   |   |
| 3 |   |   |   |   |   |   |   |   |
|   |   |   |   |   |   |   |   |   |
| 3 |   |   |   |   |   |   |   |   |
|   |   |   |   |   |   |   |   |   |
| 3 |   |   |   |   |   |   |   |   |

Grade
☆ ☆ ☆
☆ ☆

Name _____
Date _____

# 4

| 4 | | 4 | | 4 | | 4 | | 4 |
|---|---|---|---|---|---|---|---|---|
|   |   |   |   |   |   |   |   |   |
| 4 | | 4 | | 4 | | 4 | | 4 |
|   |   |   |   |   |   |   |   |   |
| 4 | | 4 | | 4 | | 4 | | 4 |
|   |   |   |   |   |   |   |   |   |
| 4 | | 4 | | 4 | | 4 | | 4 |
|   |   |   |   |   |   |   |   |   |
| 4 | | 4 | | 4 | | 4 | | 4 |

Name _____
Date _____

# 4

| 4 | | 4 | | 4 | | 4 | | 4 |
|---|---|---|---|---|---|---|---|---|
| 4 | | | | | | | | |
| 4 | | | | | | | | |
| 4 | | | | | | | | |
| 4 | | | | | | | | |

Grade
☆ ☆ ☆
☆ ☆

Name _____
Date _____

# 5

| 5 | | 5 | | 5 | | 5 | | 5 |
|---|---|---|---|---|---|---|---|---|
|   |   |   |   |   |   |   |   |   |
| 5 | | 5 | | 5 | | 5 | | 5 |
|   |   |   |   |   |   |   |   |   |
| 5 | | 5 | | 5 | | 5 | | 5 |
|   |   |   |   |   |   |   |   |   |
| 5 | | 5 | | 5 | | 5 | | 5 |
|   |   |   |   |   |   |   |   |   |
| 5 | | 5 | | 5 | | 5 | | 5 |

Grade
☆ ☆ ☆
☆ ☆

Name _____
Date _____

# 5

| 5 | | 5 | | 5 | | 5 | | 5 | |
|---|---|---|---|---|---|---|---|---|---|
| 5 | | | | | | | | | |
| 5 | | | | | | | | | |
| 5 | | | | | | | | | |
| 5 | | | | | | | | | |

Name _____
Date _____

# 6

| 6 | | 6 | | 6 | | 6 | | 6 |
|---|---|---|---|---|---|---|---|---|
|   |   |   |   |   |   |   |   |   |
| 6 | | 6 | | 6 | | 6 | | 6 |
|   |   |   |   |   |   |   |   |   |
| 6 | | 6 | | 6 | | 6 | | 6 |
|   |   |   |   |   |   |   |   |   |
| 6 | | 6 | | 6 | | 6 | | 6 |
|   |   |   |   |   |   |   |   |   |
| 6 | | 6 | | 6 | | 6 | | 6 |

# 6

Name _____
Date _____

| 6 | | 6 | | 6 | | 6 | | 6 | |
|---|---|---|---|---|---|---|---|---|---|
| | | | | | | | | | |
| 6 | | | | | | | | | |
| | | | | | | | | | |
| 6 | | | | | | | | | |
| | | | | | | | | | |
| 6 | | | | | | | | | |
| | | | | | | | | | |
| 6 | | | | | | | | | |

Grade
☆ ☆ ☆
☆ ☆

# 7

Name _____
Date _____

| 7 | 7 | 7 | 7 | 7 |
|---|---|---|---|---|
| 7 | 7 | 7 | 7 | 7 |
| 7 | 7 | 7 | 7 | 7 |
| 7 | 7 | 7 | 7 | 7 |
| 7 | 7 | 7 | 7 | 7 |

Grade
☆ ☆ ☆
☆ ☆

Name _____
Date _____

# 7

| 7 | | 7 | | 7 | | 7 | | 7 | |
|---|---|---|---|---|---|---|---|---|---|
| 7 | | | | | | | | | |
| 7 | | | | | | | | | |
| 7 | | | | | | | | | |
| 7 | | | | | | | | | |

Grade
☆ ☆ ☆
☆ ☆

NOLA THE NURSE

Name _____
Date _____

# 8

| 8 | | 8 | | 8 | | 8 | | 8 |
|---|---|---|---|---|---|---|---|---|
| 8 | | 8 | | 8 | | 8 | | 8 |
| 8 | | 8 | | 8 | | 8 | | 8 |
| 8 | | 8 | | 8 | | 8 | | 8 |
| 8 | | 8 | | 8 | | 8 | | 8 |

Grade
☆ ☆ ☆
☆ ☆

Name _____
Date _____

# 8

| 8 | | 8 | | 8 | | 8 | | 8 |
|---|---|---|---|---|---|---|---|---|
| | | | | | | | | |
| 8 | | | | | | | | |
| | | | | | | | | |
| 8 | | | | | | | | |
| | | | | | | | | |
| 8 | | | | | | | | |
| | | | | | | | | |
| 8 | | | | | | | | |

Grade
☆ ☆ ☆
☆ ☆

**9**

| 9 | | 9 | | 9 | | 9 | | 9 |
|---|---|---|---|---|---|---|---|---|
| | | | | | | | | |
| 9 | | 9 | | 9 | | 9 | | 9 |
| | | | | | | | | |
| 9 | | 9 | | 9 | | 9 | | 9 |
| | | | | | | | | |
| 9 | | 9 | | 9 | | 9 | | 9 |
| | | | | | | | | |
| 9 | | 9 | | 9 | | 9 | | 9 |

Name ____
Date ____

Grade
☆ ☆ ☆
☆ ☆

Name _____
Date _____

# 9

| 9 | | 9 | | 9 | | 9 | | 9 | |
|---|---|---|---|---|---|---|---|---|---|
|   |   |   |   |   |   |   |   |   |   |
| 9 |   |   |   |   |   |   |   |   |   |
|   |   |   |   |   |   |   |   |   |   |
| 9 |   |   |   |   |   |   |   |   |   |
|   |   |   |   |   |   |   |   |   |   |
| 9 |   |   |   |   |   |   |   |   |   |
|   |   |   |   |   |   |   |   |   |   |
| 9 |   |   |   |   |   |   |   |   |   |

Grade
☆ ☆ ☆
☆ ☆

Name _____
Date _____

# 10

| 10 | 10 | 10 | 10 | 10 |
|----|----|----|----|----|
| 10 | 10 | 10 | 10 | 10 |
| 10 | 10 | 10 | 10 | 10 |
| 10 | 10 | 10 | 10 | 10 |
| 10 | 10 | 10 | 10 | 10 |

Grade

Name _____
Date _____

# 10

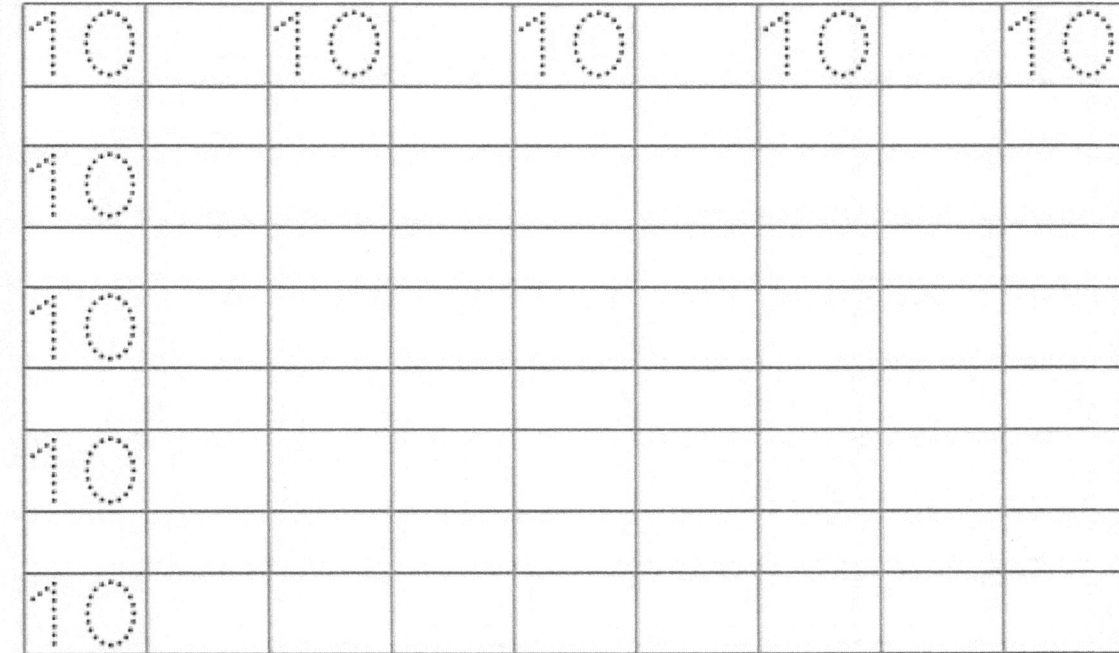

Grade

Name _____
Date _____

# 11

| 1 1 | | 1 1 | | 1 1 | | 1 1 | | 1 1 |
|---|---|---|---|---|---|---|---|---|---|
| | | | | | | | | | |
| 1 1 | | 1 1 | | 1 1 | | 1 1 | | 1 1 |
| | | | | | | | | | |
| 1 1 | | 1 1 | | 1 1 | | 1 1 | | 1 1 |
| | | | | | | | | | |
| 1 1 | | 1 1 | | 1 1 | | 1 1 | | 1 1 |
| | | | | | | | | | |
| 1 1 | | 1 1 | | 1 1 | | 1 1 | | 1 1 |

Name _____
Date _____

# 11

| 1 1 | 1 1 | 1 1 | 1 1 | 1 1 |
|---|---|---|---|---|
|   |   |   |   |   |
| 1 1 |   |   |   |   |
|   |   |   |   |   |
| 1 1 |   |   |   |   |
|   |   |   |   |   |
| 1 1 |   |   |   |   |
|   |   |   |   |   |
| 1 1 |   |   |   |   |

Grade
☆ ☆ ☆
☆ ☆

Name _____
Date _____

# 12

| 12 | 12 | 12 | 12 | 12 |
|----|----|----|----|----|
| 12 | 12 | 12 | 12 | 12 |
| 12 | 12 | 12 | 12 | 12 |
| 12 | 12 | 12 | 12 | 12 |
| 12 | 12 | 12 | 12 | 12 |

Grade

Name _____
Date _____

# 12

| 12 | 12 | 12 | 12 | 12 |
|----|----|----|----|----|
| 12 |    |    |    |    |
| 12 |    |    |    |    |
| 12 |    |    |    |    |
| 12 |    |    |    |    |

Grade
☆ ☆ ☆
☆ ☆

Name _____
Date _____

# 13

| 13 | 13 | 13 | 13 | 13 |
|----|----|----|----|----|
| 13 | 13 | 13 | 13 | 13 |
| 13 | 13 | 13 | 13 | 13 |
| 13 | 13 | 13 | 13 | 13 |
| 13 | 13 | 13 | 13 | 13 |

Grade
☆ ☆ ☆
☆ ☆

# 13

| 13 | 13 | 13 | 13 | 13 |
|---|---|---|---|---|
| 13 | | | | |
| 13 | | | | |
| 13 | | | | |
| 13 | | | | |

Name _____
Date _____

Grade

Name _____
Date _____

# 14

| 14 | | 14 | | 14 | | 14 | | 14 |
|---|---|---|---|---|---|---|---|---|
| | | | | | | | | |
| 14 | | 14 | | 14 | | 14 | | 14 |
| | | | | | | | | |
| 14 | | 14 | | 14 | | 14 | | 14 |
| | | | | | | | | |
| 14 | | 14 | | 14 | | 14 | | 14 |
| | | | | | | | | |
| 14 | | 14 | | 14 | | 14 | | 14 |

Name _____
Date _____

# 14

| 14 | 14 | 14 | 14 | 14 |
|----|----|----|----|----|
| 14 |    |    |    |    |
| 14 |    |    |    |    |
| 14 |    |    |    |    |
| 14 |    |    |    |    |

Grade

Name _____
Date _____

# 15

| 15 | 15 | 15 | 15 | 15 |
|---|---|---|---|---|
| 15 | 15 | 15 | 15 | 15 |
| 15 | 15 | 15 | 15 | 15 |
| 15 | 15 | 15 | 15 | 15 |
| 15 | 15 | 15 | 15 | 15 |

Grade

Name _____
Date _____

# 15

| 15 | | 15 | | 15 | | 15 | | 15 | |
|---|---|---|---|---|---|---|---|---|---|
| 15 | | | | | | | | | |
| 15 | | | | | | | | | |
| 15 | | | | | | | | | |
| 15 | | | | | | | | | |

Grade
☆ ☆ ☆
☆ ☆

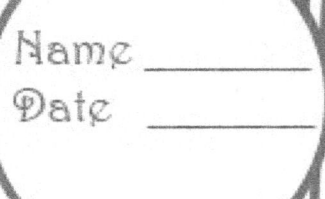

Name _____
Date _____

# 16

| 16 | 16 | 16 | 16 | 16 |
|---|---|---|---|---|
| 16 | 16 | 16 | 16 | 16 |
| 16 | 16 | 16 | 16 | 16 |
| 16 | 16 | 16 | 16 | 16 |
| 16 | 16 | 16 | 16 | 16 |

Grade
☆ ☆ ☆
☆ ☆

Name _____
Date _____

# 16

| 16 | | 16 | | 16 | | 16 | | 16 | |
|----|----|----|----|----|----|----|----|----|----|
| 16 | | | | | | | | | |
| 16 | | | | | | | | | |
| 16 | | | | | | | | | |
| 16 | | | | | | | | | |

Grade

Name _____
Date _____

# 17

| 17 | 17 | 17 | 17 | 17 |
|---|---|---|---|---|
| 17 | 17 | 17 | 17 | 17 |
| 17 | 17 | 17 | 17 | 17 |
| 17 | 17 | 17 | 17 | 17 |
| 17 | 17 | 17 | 17 | 17 |

Grade

Name _____
Date _____

# 17

| 17 | 17 | 17 | 17 | 17 |
|---|---|---|---|---|
| 17 | | | | |
| 17 | | | | |
| 17 | | | | |
| 17 | | | | |

Grade
☆ ☆ ☆
☆ ☆

# 18

| 18 | 18 | 18 | 18 | 18 |
|----|----|----|----|----|
|    |    |    |    |    |
| 18 | 18 | 18 | 18 | 18 |
|    |    |    |    |    |
| 18 | 18 | 18 | 18 | 18 |
|    |    |    |    |    |
| 18 | 18 | 18 | 18 | 18 |
|    |    |    |    |    |
| 18 | 18 | 18 | 18 | 18 |

Name _____
Date _____

Grade

Name _____
Date _____

# 18

| 18 | 18 | 18 | 18 | 18 |
|---|---|---|---|---|
| 18 | | | | |
| 18 | | | | |
| 18 | | | | |
| 18 | | | | |

Grade
☆ ☆ ☆
☆ ☆

Name _____
Date _____

# 19

| 19 | 19 | 19 | 19 | 19 |
|---|---|---|---|---|
| 19 | 19 | 19 | 19 | 19 |
| 19 | 19 | 19 | 19 | 19 |
| 19 | 19 | 19 | 19 | 19 |
| 19 | 19 | 19 | 19 | 19 |

Grade
☆ ☆ ☆
☆ ☆

Name _____
Date _____

# 19

| 19 | | 19 | | 19 | | 19 | | 19 | |
|---|---|---|---|---|---|---|---|---|---|
| 19 | | | | | | | | | |
| 19 | | | | | | | | | |
| 19 | | | | | | | | | |
| 19 | | | | | | | | | |

Grade
☆ ☆ ☆
☆ ☆

Name _____
Date _____

# 20

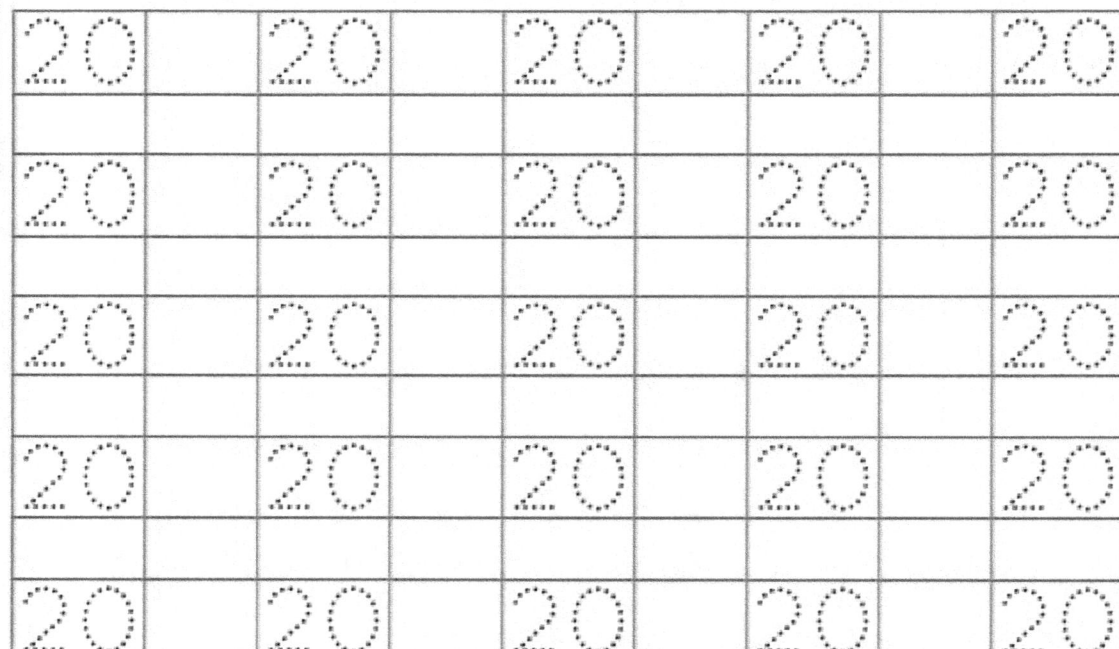

Grade

### NOLA THE NURSE

Name _____
Date _____

# 20

| 20 | 20 | 20 | 20 | 20 |
|----|----|----|----|----|
| 20 |    |    |    |    |
| 20 |    |    |    |    |
| 20 |    |    |    |    |
| 20 |    |    |    |    |

Grade
☆ ☆ ☆
☆ ☆

Name _____
Date _____

# 21

| 21 | 21 | 21 | 21 | 21 |
|----|----|----|----|----|
| 21 | 21 | 21 | 21 | 21 |
| 21 | 21 | 21 | 21 | 21 |
| 21 | 21 | 21 | 21 | 21 |
| 21 | 21 | 21 | 21 | 21 |

Grade
☆ ☆ ☆
☆ ☆

Name _____
Date _____

# 21

| 21 | 21 | 21 | 21 | 21 |
|---|---|---|---|---|
| 21 | | | | |
| 21 | | | | |
| 21 | | | | |
| 21 | | | | |

Grade ☆ ☆ ☆ ☆ ☆

Name _____
Date _____

# 22

| 22 | | 22 | | 22 | | 22 | | 22 |
|----|--|----|--|----|--|----|--|----|
| 22 | | 22 | | 22 | | 22 | | 22 |
| 22 | | 22 | | 22 | | 22 | | 22 |
| 22 | | 22 | | 22 | | 22 | | 22 |
| 22 | | 22 | | 22 | | 22 | | 22 |

Name _____
Date _____

# 22

| 22 | | 22 | | 22 | | 22 | | 22 |
|---|---|---|---|---|---|---|---|---|
| 22 | | | | | | | | |
| 22 | | | | | | | | |
| 22 | | | | | | | | |
| 22 | | | | | | | | |

Grade
☆ ☆ ☆
☆ ☆

# 23

| 23 | 23 | 23 | 23 | 23 |
|----|----|----|----|----|
| 23 | 23 | 23 | 23 | 23 |
| 23 | 23 | 23 | 23 | 23 |
| 23 | 23 | 23 | 23 | 23 |
| 23 | 23 | 23 | 23 | 23 |

Name _____
Date _____

Grade

Name _____
Date _____

# 23

| 23 | | 23 | | 23 | | 23 | | 23 |
|---|---|---|---|---|---|---|---|---|
| 23 | | | | | | | | |
| 23 | | | | | | | | |
| 23 | | | | | | | | |
| 23 | | | | | | | | |

Grade
☆ ☆ ☆
☆ ☆

Name _____
Date _____

# 24

| 24 | 24 | 24 | 24 | 24 |
|----|----|----|----|----|
| 24 | 24 | 24 | 24 | 24 |
| 24 | 24 | 24 | 24 | 24 |
| 24 | 24 | 24 | 24 | 24 |
| 24 | 24 | 24 | 24 | 24 |

Grade
☆ ☆ ☆
☆ ☆

Name _____
Date _____

# 24

| 24 | 24 | 24 | 24 | 24 |
|----|----|----|----|----|
| 24 |    |    |    |    |
| 24 |    |    |    |    |
| 24 |    |    |    |    |
| 24 |    |    |    |    |

Grade

# 25

Name _____
Date _____

| 25 | 25 | 25 | 25 | 25 |
|----|----|----|----|----|
| 25 | 25 | 25 | 25 | 25 |
| 25 | 25 | 25 | 25 | 25 |
| 25 | 25 | 25 | 25 | 25 |
| 25 | 25 | 25 | 25 | 25 |

Grade
☆ ☆ ☆
☆ ☆

Name _____
Date _____

# 25

| 25 | | 25 | | 25 | | 25 | | 25 |
|---|---|---|---|---|---|---|---|---|
| 25 | | | | | | | | |
| 25 | | | | | | | | |
| 25 | | | | | | | | |
| 25 | | | | | | | | |

Grade
☆ ☆ ☆
☆ ☆

Name _____
Date _____

# 26

| 26 | 26 | 26 | 26 | 26 |
| 26 | 26 | 26 | 26 | 26 |
| 26 | 26 | 26 | 26 | 26 |
| 26 | 26 | 26 | 26 | 26 |
| 26 | 26 | 26 | 26 | 26 |

Grade
☆ ☆ ☆
☆ ☆

Name _____
Date _____

# 26

| 26 | 26 | 26 | 26 | 26 |
|----|----|----|----|----|
| 26 |    |    |    |    |
| 26 |    |    |    |    |
| 26 |    |    |    |    |
| 26 |    |    |    |    |

Grade

Name _____
Date _____

# 27

| 27 | 27 | 27 | 27 | 27 |
|----|----|----|----|----|
|    |    |    |    |    |
| 27 | 27 | 27 | 27 | 27 |
|    |    |    |    |    |
| 27 | 27 | 27 | 27 | 27 |
|    |    |    |    |    |
| 27 | 27 | 27 | 27 | 27 |
|    |    |    |    |    |
| 27 | 27 | 27 | 27 | 27 |

Name _____
Date _____

# 27

| 27 | 27 | 27 | 27 | 27 |
|----|----|----|----|----|
| 27 |    |    |    |    |
| 27 |    |    |    |    |
| 27 |    |    |    |    |
| 27 |    |    |    |    |

Grade
☆ ☆ ☆
☆ ☆

Name _____
Date _____

# 28

| 28 | 28 | 28 | 28 | 28 |
|---|---|---|---|---|
| 28 | 28 | 28 | 28 | 28 |
| 28 | 28 | 28 | 28 | 28 |
| 28 | 28 | 28 | 28 | 28 |
| 28 | 28 | 28 | 28 | 28 |

Grade
☆ ☆ ☆
☆ ☆

Name _____
Date _____

# 28

| 28 | 28 | 28 | 28 | 28 |
|---|---|---|---|---|
| 28 | | | | |
| 28 | | | | |
| 28 | | | | |
| 28 | | | | |

Grade
☆ ☆ ☆
☆ ☆

Name _____
Date _____

# 29

| 29 | 29 | 29 | 29 | 29 |
|---|---|---|---|---|
|  |  |  |  |  |
| 29 | 29 | 29 | 29 | 29 |
|  |  |  |  |  |
| 29 | 29 | 29 | 29 | 29 |
|  |  |  |  |  |
| 29 | 29 | 29 | 29 | 29 |
|  |  |  |  |  |
| 29 | 29 | 29 | 29 | 29 |

Grade
☆ ☆ ☆
☆ ☆

Name _____
Date _____

# 29

| 29 | | 29 | | 29 | | 29 | | 29 | |
|---|---|---|---|---|---|---|---|---|---|
| 29 | | | | | | | | | |
| 29 | | | | | | | | | |
| 29 | | | | | | | | | |
| 29 | | | | | | | | | |

Grade

Name _____
Date _____

# 30

| 30 | 30 | 30 | 30 | 30 |
|----|----|----|----|----|
| 30 | 30 | 30 | 30 | 30 |
| 30 | 30 | 30 | 30 | 30 |
| 30 | 30 | 30 | 30 | 30 |
| 30 | 30 | 30 | 30 | 30 |

Grade
☆ ☆ ☆
☆ ☆

Name ____
Date ____

# 30

| 30 | | 30 | | 30 | | 30 | | 30 | |
|----|----|----|----|----|----|----|----|----|----|
| 30 | | | | | | | | | |
| 30 | | | | | | | | | |
| 30 | | | | | | | | | |
| 30 | | | | | | | | | |

Grade
☆ ☆ ☆
☆ ☆

# 31

Name ____
Date ____

| 31 | 31 | 31 | 31 | 31 |
|----|----|----|----|----|
| 31 | 31 | 31 | 31 | 31 |
| 31 | 31 | 31 | 31 | 31 |
| 31 | 31 | 31 | 31 | 31 |
| 31 | 31 | 31 | 31 | 31 |

Grade

Name _____
Date _____

# 31

| 31 | | 31 | | 31 | | 31 | | 31 | |
|---|---|---|---|---|---|---|---|---|---|
| 31 | | | | | | | | | |
| 31 | | | | | | | | | |
| 31 | | | | | | | | | |
| 31 | | | | | | | | | |

Grade

Name _____
Date _____

# 32

| 32 | 32 | 32 | 32 | 32 |
|----|----|----|----|----|
|    |    |    |    |    |
| 32 | 32 | 32 | 32 | 32 |
|    |    |    |    |    |
| 32 | 32 | 32 | 32 | 32 |
|    |    |    |    |    |
| 32 | 32 | 32 | 32 | 32 |
|    |    |    |    |    |
| 32 | 32 | 32 | 32 | 32 |

Grade
☆ ☆ ☆
☆ ☆

Name _____
Date _____

# 32

| 32 | | 32 | | 32 | | 32 | | 32 | |
|---|---|---|---|---|---|---|---|---|---|
| 32 | | | | | | | | | |
| 32 | | | | | | | | | |
| 32 | | | | | | | | | |
| 32 | | | | | | | | | |

Grade
☆ ☆ ☆
☆ ☆

Name _____
Date _____

# 33

| 33 | | 33 | | 33 | | 33 | | 33 |
|---|---|---|---|---|---|---|---|---|
| | | | | | | | | |
| 33 | | 33 | | 33 | | 33 | | 33 |
| | | | | | | | | |
| 33 | | 33 | | 33 | | 33 | | 33 |
| | | | | | | | | |
| 33 | | 33 | | 33 | | 33 | | 33 |
| | | | | | | | | |
| 33 | | 33 | | 33 | | 33 | | 33 |

Grade
☆ ☆ ☆
☆ ☆

# 33

Name _____
Date _____

| 33 | | 33 | | 33 | | 33 | | 33 |
|---|---|---|---|---|---|---|---|---|
| 33 | | | | | | | | |
| 33 | | | | | | | | |
| 33 | | | | | | | | |
| 33 | | | | | | | | |

Grade
☆ ☆ ☆
☆ ☆

**NOLA THE NURSE**

Name _____
Date _____

# 34

| 34 | 34 | 34 | 34 | 34 |
|----|----|----|----|----|
|    |    |    |    |    |
| 34 | 34 | 34 | 34 | 34 |
|    |    |    |    |    |
| 34 | 34 | 34 | 34 | 34 |
|    |    |    |    |    |
| 34 | 34 | 34 | 34 | 34 |
|    |    |    |    |    |
| 34 | 34 | 34 | 34 | 34 |

Grade ☆☆☆ ☆☆

Name _____
Date _____

# 34

| 34 | | 34 | | 34 | | 34 | | 34 | |
|---|---|---|---|---|---|---|---|---|---|
| | | | | | | | | | |
| 34 | | | | | | | | | |
| | | | | | | | | | |
| 34 | | | | | | | | | |
| | | | | | | | | | |
| 34 | | | | | | | | | |
| | | | | | | | | | |
| 34 | | | | | | | | | |

Grade
☆ ☆ ☆
☆ ☆

Name _____
Date _____

# 35

| 35 | | 35 | | 35 | | 35 | | 35 |
|----|----|----|----|----|----|----|----|----|
| 35 | | 35 | | 35 | | 35 | | 35 |
| 35 | | 35 | | 35 | | 35 | | 35 |
| 35 | | 35 | | 35 | | 35 | | 35 |
| 35 | | 35 | | 35 | | 35 | | 35 |

Grade
☆ ☆ ☆
☆ ☆

Name _____
Date _____

# 35

| 35 | | 35 | | 35 | | 35 | | 35 | |
|---|---|---|---|---|---|---|---|---|---|
| 35 | | | | | | | | | |
| 35 | | | | | | | | | |
| 35 | | | | | | | | | |
| 35 | | | | | | | | | |

Grade
☆ ☆ ☆
☆ ☆

Name _____
Date _____

# 36

| 36 | 36 | 36 | 36 | 36 |
|----|----|----|----|----|
| 36 | 36 | 36 | 36 | 36 |
| 36 | 36 | 36 | 36 | 36 |
| 36 | 36 | 36 | 36 | 36 |
| 36 | 36 | 36 | 36 | 36 |

Grade

Name _____
Date _____

# 36

| 36 | | 36 | | 36 | | 36 | | 36 | |
|---|---|---|---|---|---|---|---|---|---|
| 36 | | | | | | | | | |
| 36 | | | | | | | | | |
| 36 | | | | | | | | | |
| 36 | | | | | | | | | |

Grade
☆ ☆ ☆
☆ ☆

Name _____
Date _____

# 37

| 37 | 37 | 37 | 37 | 37 |
|----|----|----|----|----|
| 37 | 37 | 37 | 37 | 37 |
| 37 | 37 | 37 | 37 | 37 |
| 37 | 37 | 37 | 37 | 37 |
| 37 | 37 | 37 | 37 | 37 |

Grade
☆ ☆ ☆
☆ ☆

Name _____
Date _____

# 37

| 37 | 37 | 37 | 37 | 37 |
|---|---|---|---|---|
| 37 | | | | |
| 37 | | | | |
| 37 | | | | |
| 37 | | | | |

Grade
☆ ☆ ☆
☆ ☆

Name _____
Date _____

# 38

| 38 | 38 | 38 | 38 | 38 |
|----|----|----|----|----|
| 38 | 38 | 38 | 38 | 38 |
| 38 | 38 | 38 | 38 | 38 |
| 38 | 38 | 38 | 38 | 38 |
| 38 | 38 | 38 | 38 | 38 |

Grade

Name _____
Date _____

# 38

| 38 | | 38 | | 38 | | 38 | | 38 | |
|----|----|----|----|----|----|----|----|----|----|
| 38 | | | | | | | | | |
| | | | | | | | | | |
| 38 | | | | | | | | | |
| | | | | | | | | | |
| 38 | | | | | | | | | |
| | | | | | | | | | |
| 38 | | | | | | | | | |

Grade
☆ ☆ ☆
☆ ☆

Name _____
Date _____

# 39

| 39 | 39 | 39 | 39 | 39 |
| --- | --- | --- | --- | --- |
| 39 | 39 | 39 | 39 | 39 |
| 39 | 39 | 39 | 39 | 39 |
| 39 | 39 | 39 | 39 | 39 |
| 39 | 39 | 39 | 39 | 39 |

Grade
☆ ☆ ☆
☆ ☆

Name _____
Date _____

# 39

| 39 | 39 | 39 | 39 | 39 |
|---|---|---|---|---|
| 39 | | | | |
| 39 | | | | |
| 39 | | | | |
| 39 | | | | |

Grade
☆ ☆ ☆
☆ ☆

# 40

| 40 | 40 | 40 | 40 | 40 |
|----|----|----|----|----|
| 40 | 40 | 40 | 40 | 40 |
| 40 | 40 | 40 | 40 | 40 |
| 40 | 40 | 40 | 40 | 40 |
| 40 | 40 | 40 | 40 | 40 |

Name _____
Date _____

Grade
☆ ☆ ☆
☆ ☆

Name _____
Date _____

# 40

| 40 | | 40 | | 40 | | 40 | | 40 | |
|----|----|----|----|----|----|----|----|----|----|
| 40 | | | | | | | | | |
| 40 | | | | | | | | | |
| 40 | | | | | | | | | |
| 40 | | | | | | | | | |

Grade
☆ ☆ ☆
☆ ☆

Name _____
Date _____

# 41

| 41 | 41 | 41 | 41 | 41 |
|----|----|----|----|----|
| 41 | 41 | 41 | 41 | 41 |
| 41 | 41 | 41 | 41 | 41 |
| 41 | 41 | 41 | 41 | 41 |
| 41 | 41 | 41 | 41 | 41 |

Grade

Name _____
Date _____

# 41

| 41 | 41 | 41 | 41 | 41 |
|---|---|---|---|---|
| 41 | | | | |
| 41 | | | | |
| 41 | | | | |
| 41 | | | | |

Grade

Name _____
Date _____

# 42

| 42 | 42 | 42 | 42 | 42 |
|----|----|----|----|----|
|    |    |    |    |    |
| 42 | 42 | 42 | 42 | 42 |
|    |    |    |    |    |
| 42 | 42 | 42 | 42 | 42 |
|    |    |    |    |    |
| 42 | 42 | 42 | 42 | 42 |
|    |    |    |    |    |
| 42 | 42 | 42 | 42 | 42 |

Grade
☆ ☆ ☆
☆ ☆

Name _____
Date _____

# 42

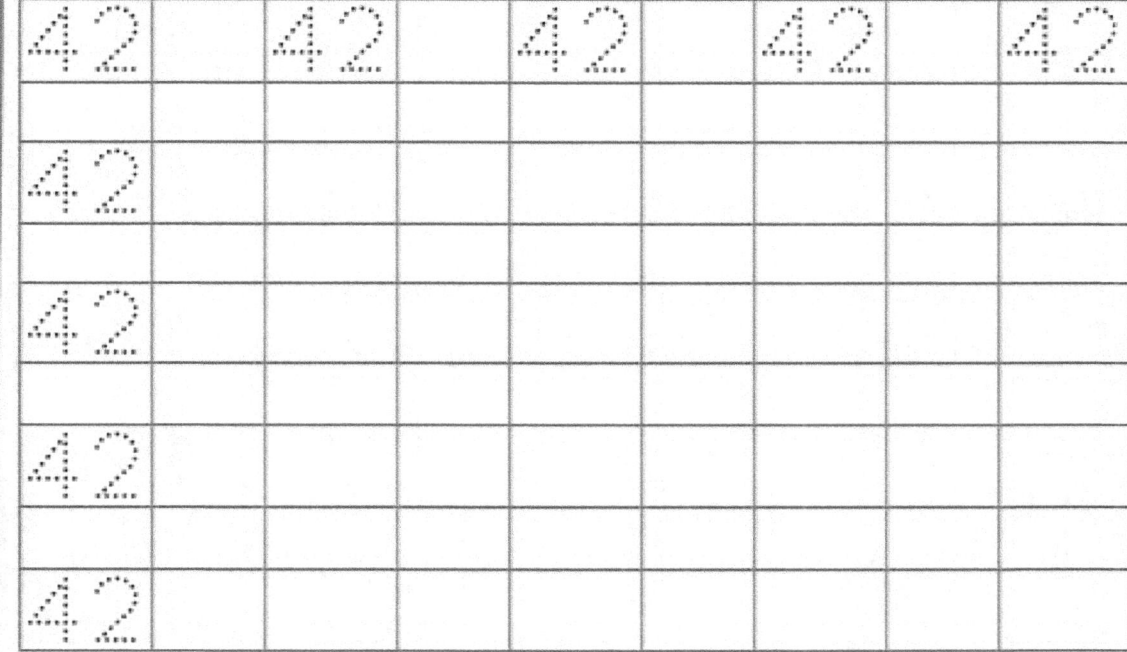

Grade

Name _____
Date _____

# 43

| 43 | 43 | 43 | 43 | 43 |
| 43 | 43 | 43 | 43 | 43 |
| 43 | 43 | 43 | 43 | 43 |
| 43 | 43 | 43 | 43 | 43 |
| 43 | 43 | 43 | 43 | 43 |

Grade
☆ ☆ ☆
☆ ☆

Name _____
Date _____

# 43

| 43 | | 43 | | 43 | | 43 | | 43 | |
|----|--|----|--|----|--|----|--|----|--|
| 43 | | | | | | | | | |
| 43 | | | | | | | | | |
| 43 | | | | | | | | | |
| 43 | | | | | | | | | |

Grade
☆ ☆ ☆
☆ ☆

# 44

| 44 | | 44 | | 44 | | 44 | | 44 |
|----|----|----|----|----|----|----|----|----|
| 44 | | 44 | | 44 | | 44 | | 44 |
| 44 | | 44 | | 44 | | 44 | | 44 |
| 44 | | 44 | | 44 | | 44 | | 44 |
| 44 | | 44 | | 44 | | 44 | | 44 |

Name _____
Date _____

Grade
☆ ☆ ☆
☆ ☆

Name _____
Date _____

# 44

| 44 | | 44 | | 44 | | 44 | | 44 | |
|---|---|---|---|---|---|---|---|---|---|
| | | | | | | | | | |
| 44 | | | | | | | | | |
| | | | | | | | | | |
| 44 | | | | | | | | | |
| | | | | | | | | | |
| 44 | | | | | | | | | |
| | | | | | | | | | |
| 44 | | | | | | | | | |

Grade

Name _____
Date _____

# 45

| 45 | | 45 | | 45 | | 45 | | 45 | |
|---|---|---|---|---|---|---|---|---|---|
| | | | | | | | | | |
| 45 | | 45 | | 45 | | 45 | | 45 | |
| | | | | | | | | | |
| 45 | | 45 | | 45 | | 45 | | 45 | |
| | | | | | | | | | |
| 45 | | 45 | | 45 | | 45 | | 45 | |
| | | | | | | | | | |
| 45 | | 45 | | 45 | | 45 | | 45 | |

Grade
☆ ☆ ☆
☆ ☆

Name _____
Date _____

# 45

| 45 | | 45 | | 45 | | 45 | | 45 | |
|----|----|----|----|----|----|----|----|----|----|
| 45 | | | | | | | | | |
| 45 | | | | | | | | | |
| 45 | | | | | | | | | |
| 45 | | | | | | | | | |

Grade

Name ___
Date ___

# 46

| 46 | | 46 | | 46 | | 46 | | 46 |
|----|--|----|--|----|--|----|--|----|
|    |  |    |  |    |  |    |  |    |
| 46 | | 46 | | 46 | | 46 | | 46 |
|    |  |    |  |    |  |    |  |    |
| 46 | | 46 | | 46 | | 46 | | 46 |
|    |  |    |  |    |  |    |  |    |
| 46 | | 46 | | 46 | | 46 | | 46 |
|    |  |    |  |    |  |    |  |    |
| 46 | | 46 | | 46 | | 46 | | 46 |

Grade
☆ ☆ ☆
☆ ☆

Name _____
Date _____

# 46

| 46 | | 46 | | 46 | | 46 | | 46 | |
|---|---|---|---|---|---|---|---|---|---|
| | | | | | | | | | |
| 46 | | | | | | | | | |
| | | | | | | | | | |
| 46 | | | | | | | | | |
| | | | | | | | | | |
| 46 | | | | | | | | | |
| | | | | | | | | | |
| 46 | | | | | | | | | |

Grade

Name _____
Date _____

# 47

| 47 | 47 | 47 | 47 | 47 |
|----|----|----|----|----|
| 47 | 47 | 47 | 47 | 47 |
| 47 | 47 | 47 | 47 | 47 |
| 47 | 47 | 47 | 47 | 47 |
| 47 | 47 | 47 | 47 | 47 |

Grade
☆ ☆ ☆
☆ ☆

Name _____
Date _____

# 47

| 47 | 47 | 47 | 47 | 47 |
|---|---|---|---|---|
| 47 |  |  |  |  |
| 47 |  |  |  |  |
| 47 |  |  |  |  |
| 47 |  |  |  |  |

Grade

Name _____
Date _____

# 48

| 48 | | 48 | | 48 | | 48 | | 48 |
|----|--|----|--|----|--|----|--|----|
| 48 | | 48 | | 48 | | 48 | | 48 |
| 48 | | 48 | | 48 | | 48 | | 48 |
| 48 | | 48 | | 48 | | 48 | | 48 |
| 48 | | 48 | | 48 | | 48 | | 48 |

Grade
☆ ☆ ☆
☆ ☆

Name _____
Date _____

# 48

| 48 | | 48 | | 48 | | 48 | | 48 | |
|----|----|----|----|----|----|----|----|----|----|
| 48 | | | | | | | | | |
| 48 | | | | | | | | | |
| 48 | | | | | | | | | |
| 48 | | | | | | | | | |

Grade
☆ ☆ ☆
☆ ☆

Name _____
Date _____

# 49

| 49 | 49 | 49 | 49 | 49 |
|---|---|---|---|---|
| 49 | 49 | 49 | 49 | 49 |
| 49 | 49 | 49 | 49 | 49 |
| 49 | 49 | 49 | 49 | 49 |
| 49 | 49 | 49 | 49 | 49 |

Grade

Name _____
Date _____

# 49

| 49 | 49 | 49 | 49 | 49 |
|----|----|----|----|----|
| 49 |    |    |    |    |
| 49 |    |    |    |    |
| 49 |    |    |    |    |
| 49 |    |    |    |    |

Grade
☆ ☆ ☆
☆ ☆

# 50

Name _____
Date _____

| 50 | 50 | 50 | 50 | 50 |
|----|----|----|----|----|
| 50 | 50 | 50 | 50 | 50 |
| 50 | 50 | 50 | 50 | 50 |
| 50 | 50 | 50 | 50 | 50 |
| 50 | 50 | 50 | 50 | 50 |

Grade
☆ ☆ ☆
☆ ☆

Name _____
Date _____

# 50

| 50 | | 50 | | 50 | | 50 | | 50 | |
|---|---|---|---|---|---|---|---|---|---|
| 50 | | | | | | | | | |
| 50 | | | | | | | | | |
| 50 | | | | | | | | | |
| 50 | | | | | | | | | |

Grade
☆ ☆ ☆
☆ ☆

Name _____
Date _____

# Write the fraction

1.
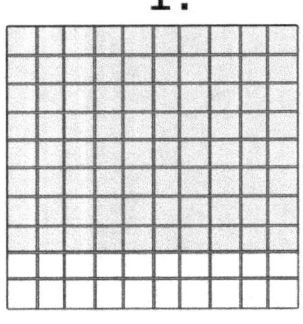 = $\dfrac{80}{100}$

2.
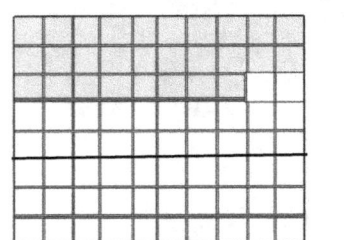 =

3.
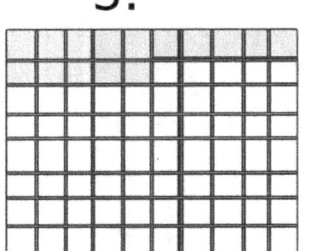 =

4.
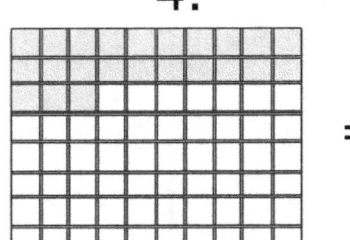 =

5.
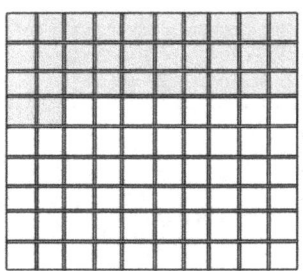 =

Grade

Name _____
Date _____

# Write the fraction

1. 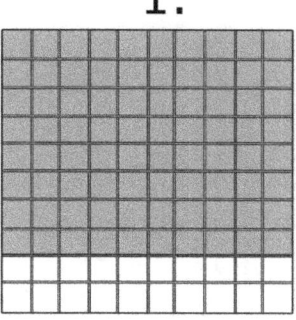 = $\dfrac{80}{100}$

2. 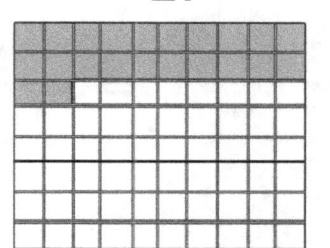 =

3. 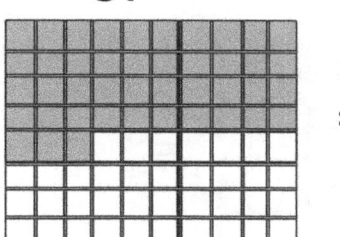 =

4. 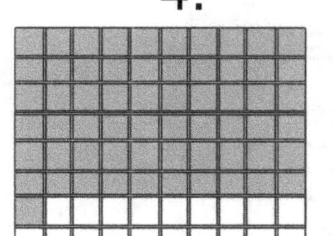 =

5. 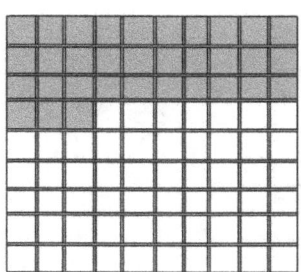 =

Grade

Name _____
Date _____

# Write the fraction

1.
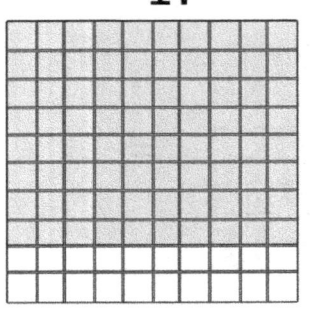 = $\dfrac{80}{100}$

2.
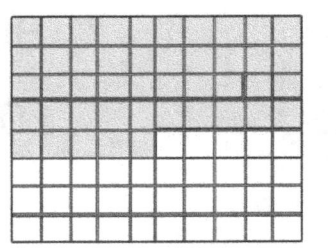 =

3.
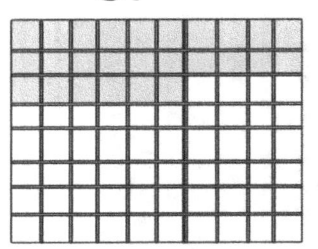 =

4.
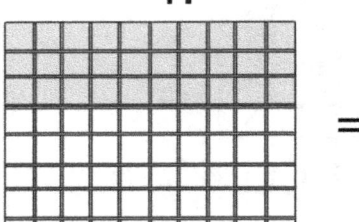 =

5.
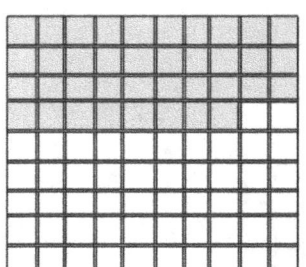 =

Name _____
Date _____

# Write the fraction

1. 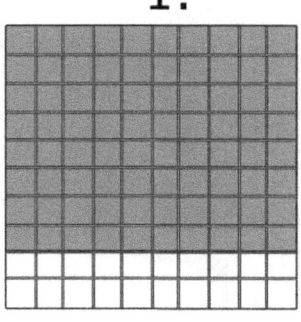 = $\frac{80}{100}$

2. 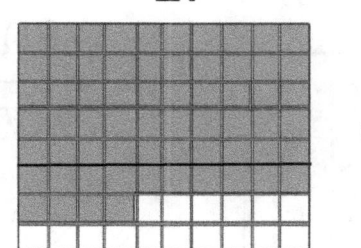 =

3. 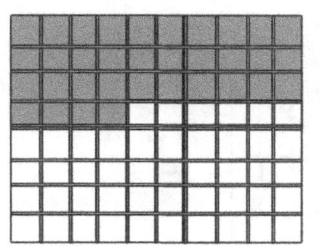 =

4. 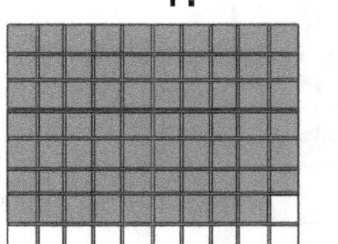 =

5. 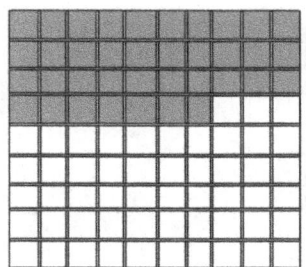 =

Grade

Name _____
Date _____

## Write the fraction

1.

= $\dfrac{80}{100}$

2.

=

3. 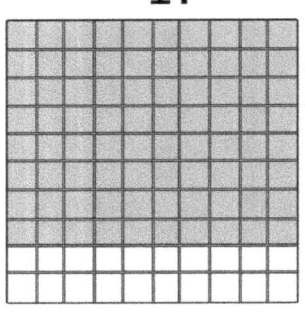 =

4. 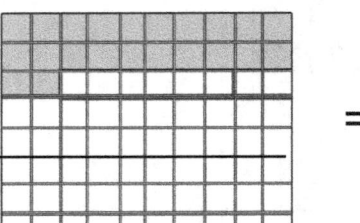 =

5. 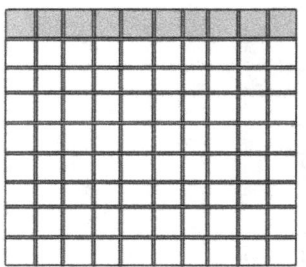 =

Name _____
Date _____

## Color the Fraction

1.  [bar]   =  $\dfrac{7}{5}$

2.  [bar]   =

3.  [bar]   =

4.  [bar]   =

            =

5.  [bar]   =

6.  [bar]   =

Grade

Name _____
Date _____

## Color the Fraction

1.  =  $\dfrac{7}{4}$

2.  =

3.  =

4.  =

   =

5.

6.  =

Grade

Name _____
Date _____

# Color the fraction

1. = $\dfrac{7}{5}$

2. =

3. =

4. =

5. =

6. =

Grade

Name _____
Date _____

# Color the fraction

1.   =  $\dfrac{5}{3}$

2.   =

3.   =

4.   =

5.   =

6.   =

Grade

Name _____
Date _____

# Color the fraction

1. [▭▭▭▭▭▭▭▭▭▭▭▭▭▭▭]  = $\dfrac{15}{10}$

2. [▭▭▭▭]  =

3. [▭▭▭▭▭▭▭▭▭▭]  =

4. [▭▭▭▭]  =

5. [▭▭▭▭▭▭▭▭▭▭▭▭▭▭]  =

6. [▭▭]  =

Grade

Name _____
Date _____

## Find the missing number

1 → 2 → ☐ → 4 → 5

2 → 3 → 4 → ☐ → 6

7 → ☐ → 9 → 10 → 11

☐ → 12 → 13 → 14 → 15

13 → 14 → ☐ → 16 → 17

Grade

Name _____
Date _____

### Find the missing number

11 → 12 → ☐ → 14 → 15

☐ → 22 → 23 → 24 → 25

32 → ☐ → 34 → 35 → 36

43 → 44 → 45 → ☐ → 47

55 → 56 → ☐ → 58 → 59

Grade

Name _____
Date _____

## Find the missing number

11 → 12 → 13 → 14 → ☐

21 → 22 → 23 → ☐ → 25

15 → 16 → ☐ → 18 → 19

9 → ☐ → 11 → 12 → 13

☐ → 13 → 14 → 15 → 16

Grade

Name _____
Date _____

## Find the missing number

☐ → 22 → 23 → 24 → 25

25 → ☐ → 27 → 28 → 29

23 → 24 → 25 → ☐ → 27

28 → 29 → ☐ → 31 → 32

27 → 28 → 29 → 30 → ☐

Grade

Name _____
Date _____

Find the missing number

18 → ☐ → 20 → 21 → 22

25 → 26 → 27 → ☐ → 29

29 → ☐ → 31 → 32 → 33

28 → 29 → ☐ → 31 → 32

27 → 28 → 29 → 30 → ☐

Grade

Name _____
Date _____

Find the missing number

☐ → 9 → 10 → 11 → 12

15 → 16 → 17 → 18 → ☐

21 → 22 → 23 → ☐ → 25

27 → 28 → ☐ → 30 → 31

31 → ☐ → 33 → 34 → 35

Grade
☆ ☆ ☆
☆ ☆

Name _____
Date _____

Find the missing number

31 → 32 → ☐ → 34 → 35

41 → 42 → 43 → ☐ → 45

45 → ☐ → 47 → 48 → 49

50 → 51 → 52 → 53 → ☐

☐ → 63 → 64 → 65 → 66

Grade

Name _____
Date _____

Find the missing number

45 → 46 → 47 → ☐ → 49

52 → 53 → 54 → 55 → ☐

58 → 59 → 60 → ☐ → 62

65 → 66 → ☐ → 68 → 69

71 → 72 → 73 → ☐ → 75

Grade

Name _____
Date _____

Find the missing number

70 → 71 → 72 → 73 → ☐

82 → 83 → ☐ → 85 → 86

88 → 89 → 90 → ☐ → 92

☐ → 94 → 95 → 96 → 97

85 → ☐ → 87 → 88 → 89

Grade

Name _____
Date _____

Find the missing number

25 → ☐ → 27 → 28 → 29

33 → 34 → 35 → ☐ → 37

47 → 48 → ☐ → 50 → 51

54 → 55 → 56 → 57 → ☐

☐ → 65 → 66 → 67 → 68

Grade

Name _____
Date _____

## Find the missing number

☐ → 12 → ☐ → 14 → 15

☐ → 22 → ☐ → 24 → 25

32 → ☐ → 34 → ☐ → 36

☐ → 44 → 45 → ☐ → 47

55 → 56 → ☐ → 58 → ☐

Grade

Name _____
Date _____

Find the missing number

| 1 → | 2 → | ☐ → | 4 → | ☐ |

| 2 → | ☐ → | 4 → | ☐ → | 6 |

| 7 → | ☐ → | ☐ → | 10 → | 11 |

| ☐ → | 12 → | 13 → | ☐ → | 15 |

| 13 → | 14 → | ☐ → | 16 → | ☐ |

Grade

Name _____
Date _____

Find the missing number

25 → ☐ → 27 → ☐ → 29

☐ → 34 → 35 → ☐ → 37

47 → 48 → ☐ → 50 → ☐

54 → ☐ → 56 → 57 → ☐

☐ → 65 → ☐ → 67 → 68

Grade

Name _____
Date _____

Find the missing number

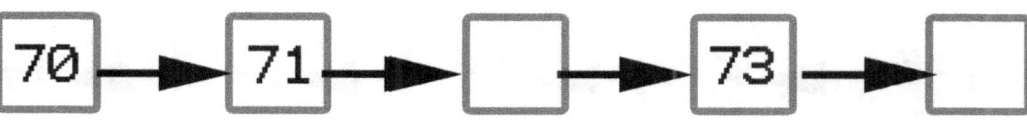

70 → 71 → ☐ → 73 → ☐

☐ → 83 → ☐ → 85 → 86

88 → ☐ → 90 → ☐ → 92

☐ → 94 → ☐ → 96 → 97

85 → ☐ → 87 → ☐ → 89

Grade

Name _____
Date _____

## Find the missing number

45 → ☐ → 47 → ☐ → 49

52 → 53 → ☐ → 55 → ☐

☐ → 59 → 60 → ☐ → 62

65 → 66 → ☐ → 68 → ☐

71 → ☐ → 73 → ☐ → 75

Grade

Name _____
Date _____

Find the missing number

| 31 | → | 32 | → | ☐ | → | 34 | → | ☐ |

| 41 | → | ☐ | → | 43 | → | ☐ | → | 45 |

| 45 | → | ☐ | → | 47 | → | 48 | → | ☐ |

| 50 | → | 51 | → | ☐ | → | 53 | → | ☐ |

| ☐ | → | 63 | → | ☐ | → | 65 | → | 66 |

Grade

Name _____
Date _____

## Find the missing number

☐ → 9 → 10 → ☐ → 12

15 → ☐ → 17 → 18 → ☐

☐ → 22 → 23 → ☐ → 25

27 → 28 → ☐ → 30 → ☐

31 → ☐ → 33 → ☐ → 35

Grade

Name _____
Date _____

Find the missing number

18 → ☐ → 20 → 21 → ☐

☐ → 26 → 27 → ☐ → 29

29 → ☐ → 31 → ☐ → 33

28 → 29 → ☐ → 31 → ☐

27 → ☐ → 29 → 30 → ☐

Grade

Name _____
Date _____

## Find the missing number

☐ → 22 → ☐ → 24 → 25

25 → ☐ → 27 → ☐ → 29

23 → ☐ → 25 → ☐ → 27

☐ → 29 → ☐ → 31 → 32

27 → ☐ → 29 → 30 → ☐

Grade

Name _____
Date _____

Find the missing number

☐ → 12 → 13 → 14 → ☐

21 → ☐ → 23 → ☐ → 25

15 → 16 → ☐ → 18 → ☐

9 → ☐ → 11 → ☐ → 13

☐ → 13 → ☐ → 15 → 16

Grade

Name _____
Date _____

# Identify the polygons

1.

3.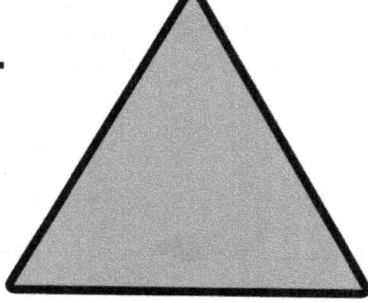

_____

_____

2.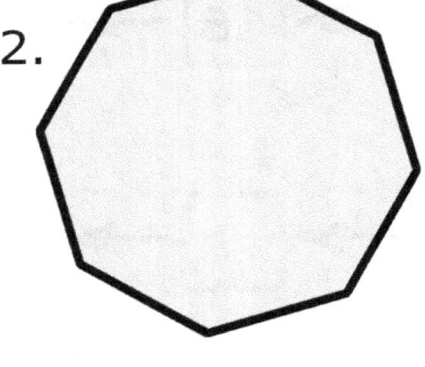

4.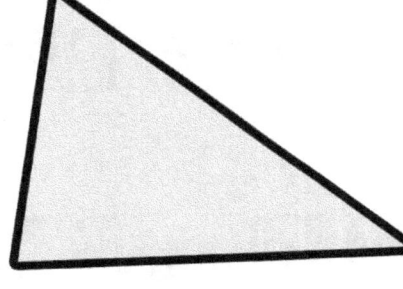

_____

_____

5. 

_____

Grade

# Identify the polygons

1.

   _____

3.

   _____

2.

   _____

4.

   _____

5.

   _____

Grade

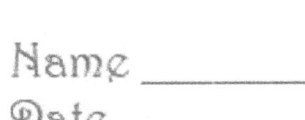

Name _____
Date _____

# Identify the polygons

1.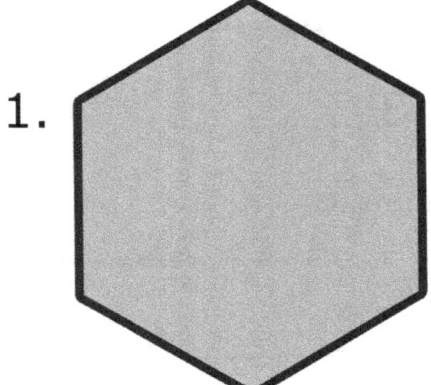

_____

3.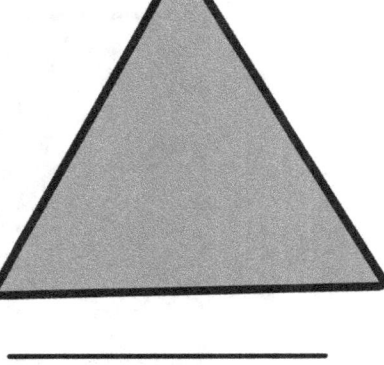

_____

2.

_____

4.

_____

5.

_____

Grade

Name _____
Date _____

# Identify the polygons

1.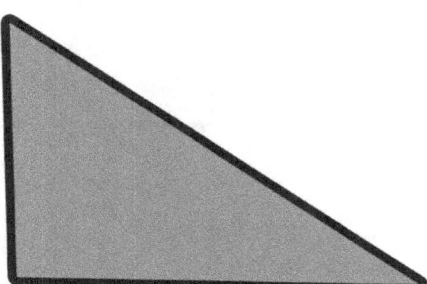

   _____

2.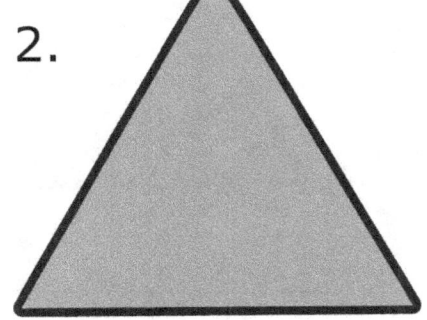

   _____

3.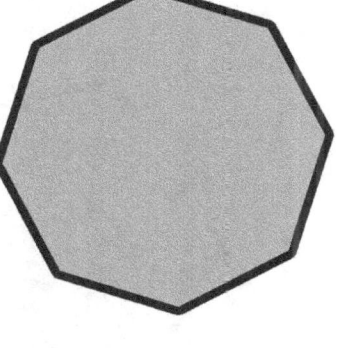

   _____

4.

   _____

5.

   _____

Grade

Name _____
Date _____

# Identify the polygons

1.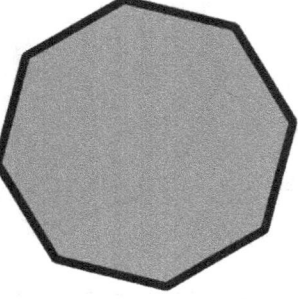

   _____

3.

   _____

2.

   _____

4.

   _____

5.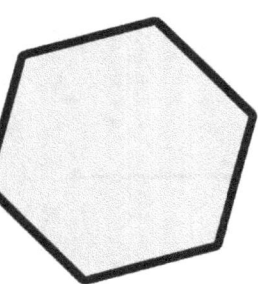

Grade

Name _____
Date _____

## Mark Greater or Lesser Symbol

25 > 10     8 ☐ 2

15 ☐ 20     23 ☐ 12

5 ☐ 3       10 ☐ 13

12 ☐ 18     15 ☐ 12

2 ☐ 7       12 ☐ 25

Grade

Name _____
Date _____

## Mark Greater or Lesser Symbol

13 < 19      3 ☐ 7

17 ☐ 23     19 ☐ 23

6 ☐ 3       14 ☐ 11

20 ☐ 22     6 ☐ 15

5 ☐ 3       12 ☐ 9

Grade ☆☆☆ ☆☆

Name _____
Date _____

## Mark Greater or Lesser Symbol

13 < 19     9 ☐ 6

16 ☐ 12     18 ☐ 23

6 ☐ 5       13 ☐ 8

23 ☐ 21     21 ☐ 19

4 ☐ 5       8 ☐ 19

Grade

Name _____
Date _____

## Mark Greater or Lesser Symbol

13 < 19      2 ☐ 1

17 ☐ 18      11 ☐ 14

9 ☐ 5        12 ☐ 10

24 ☐ 22      18 ☐ 19

8 ☐ 16       20 ☐ 17

Grade
☆ ☆ ☆
☆ ☆

Name _____
Date _____

## Mark Greater or Lesser Symbol

13 < 19      1 ☐ 4

16 ☐ 19     21 ☐ 19

13 ☐ 12     15 ☐ 12

23 ☐ 21     13 ☐ 11

3 ☐ 6       19 ☐ 20

Grade
☆ ☆ ☆
☆ ☆

Name _____
Date _____

## Mark Greater or Lesser Symbol

13 < 19     28 ☐ 30

19 ☐ 23     32 ☐ 42

33 ☐ 36     29 ☐ 28

35 ☐ 29     30 ☐ 36

26 ☐ 36     49 ☐ 57

Grade

Name _____
Date _____

## Mark Greater or Lesser Symbol

13 < 19

63 ☐ 65

16 ☐ 18

75 ☐ 74

19 ☐ 23

82 ☐ 81

38 ☐ 42

85 ☐ 88

59 ☐ 57

92 ☐ 95

Grade

Name _____
Date _____

## Mark Greater or Lesser Symbol

13 < 19          42 ☐ 44

59 ☐ 43          51 ☐ 53

38 ☐ 39          62 ☐ 60

43 ☐ 41          67 ☐ 69

32 ☐ 39          48 ☐ 46

Grade
☆ ☆ ☆
☆ ☆

Name _____
Date _____

## Mark Greater or Lesser Symbol

13 < 19

46 ☐ 49

29 ☐ 27

53 ☐ 52

36 ☐ 32

59 ☐ 60

48 ☐ 39

62 ☐ 61

34 ☐ 31

70 ☐ 72

Grade

Name _____
Date _____

## Mark Greater or Lesser Symbol

13 < 19         48 ☐ 51

74 ☐ 75         59 ☐ 61

83 ☐ 81         63 ☐ 66

92 ☐ 95         74 ☐ 76

52 ☐ 58         82 ☐ 84

Grade

Name _____
Date _____

## Mark Greater or Lesser Symbol

13 < 19          64 ☐ 65

35 ☐ 33          68 ☐ 67

41 ☐ 43          73 ☐ 77

45 ☐ 42          79 ☐ 78

53 ☐ 52          80 ☐ 79

Grade
☆ ☆ ☆
☆ ☆

Name _____
Date _____

## Mark Greater or Lesser Symbol

13 < 19     57 ☐ 52

45 ☐ 43     59 ☐ 61

46 ☐ 48     64 ☐ 66

52 ☐ 49     71 ☐ 70

56 ☐ 59     80 ☐ 82

Grade

Name _____
Date _____

## Mark Greater or Lesser Symbol

13 < 19          38 ☐ 35

7 ☐ 9            42 ☐ 41

13 ☐ 12          46 ☐ 49

21 ☐ 24          52 ☐ 54

33 ☐ 32          63 ☐ 65

Grade
☆ ☆ ☆
☆ ☆

Name _____
Date _____

## Mark Greater or Lesser Symbol

13 < 19     34 ☐ 33

2 ☐ 4      48 ☐ 49

15 ☐ 13    52 ☐ 54

19 ☐ 20    63 ☐ 62

29 ☐ 27    72 ☐ 75

Grade
☆ ☆ ☆
☆ ☆

Name _____
Date _____

## Mark Greater or Lesser Symbol

13 < 19      49 ☐ 52

8 ☐ 10       59 ☐ 57

17 ☐ 16      63 ☐ 67

28 ☐ 30      73 ☐ 72

31 ☐ 29      83 ☐ 87

Grade

Name _____
Date _____

## Math Puzzle

| 8 | + | 8 | + | 10 | = | |
|---|---|---|---|----|---|---|
| + |   | + |   | +  |   | + |
| 4 | + | 3 | + | 9  | = | |
| + |   | + |   | +  |   | + |
| 10| + | 6 | + | 4  | = | |
| = |   | = |   | =  |   | = |
|   | + |   | + |    | = | |

Grade

Name _____
Date _____

## Math Puzzle

| 5 | + | 10 | + | 4 | = | |
|---|---|---|---|---|---|---|
| + |   | + |   | + |   | + |
| 10 | + | 9 | + | 3 | = | |
| + |   | + |   | + |   | + |
| 7 | + | 2 | + | 5 | = | |
| = |   | = |   | = |   | = |
|   | + |   | + |   | = | |

Grade

Name _____
Date _____

## Math Puzzle

| 8 | + | 9 | + | 2 | = | |
|---|---|---|---|---|---|---|
| + |   | + |   | + |   | + |
| 9 | + | 8 | + | 1 | = | |
| + |   | + |   | + |   | + |
| 4 | + | 10 | + | 5 | = | |
| = |   | = |   | = |   | = |
|   | + |   | + |   | = | |

Grade

Name _____
Date _____

## Math Puzzle

| 7 | + | 8 | + | 7 | = |   |
|---|---|---|---|---|---|---|
| + |   | + |   | + |   | + |
| 8 | + | 1 | + | 1 | = |   |
| + |   | + |   | + |   | + |
| 5 | + | 4 | + | 5 | = |   |
| = |   | = |   | = |   | = |
|   | + |   | + |   | = |   |

Grade

Name _____
Date _____

## Math Puzzle

| 4 | + | 6  | + | 6 | = |   |
|---|---|----|---|---|---|---|
| + |   | +  |   | + |   | + |
| 2 | + | 8  | + | 8 | = |   |
| + |   | +  |   | + |   | + |
| 2 | + | 10 | + | 2 | = |   |
| = |   | =  |   | = |   | = |
|   | + |    | + |   | = |   |

Grade

Name _____
Date _____

## Math Puzzle

| 5 | + | 2 | + | 5 | = |   |
|---|---|---|---|---|---|---|
| + |   | + |   | + |   | + |
| 10 | + | 5 | + | 9 | = |   |
| + |   | + |   | + |   | + |
| 5 | + | 5 | + | 9 | = |   |
| = |   | = |   | = |   | = |
|   | + |   | + |   | = |   |

Grade

Name _____
Date _____

## Math Puzzle

| 1 | + | 9 | + | 8 | = |   |
|---|---|---|---|---|---|---|
| + |   | + |   | + |   | + |
| 1 | + | 4 | + | 4 | = |   |
| + |   | + |   | + |   | + |
| 5 | + | 3 | + | 5 | = |   |
| = |   | = |   | = |   | = |
|   | + |   | + |   | = |   |

Grade

Name _____
Date _____

## Math Puzzle

| 9 | + | 6 | + | 2 | = |   |
|---|---|---|---|---|---|---|
| + |   | + |   | + |   | + |
| 5 | + | 8 | + | 8 | = |   |
| + |   | + |   | + |   | + |
| 9 | + | 10 | + | 9 | = |   |
| = |   | = |   | = |   | = |
|   | + |   | + |   | = |   |

Grade

Name _____
Date _____

## Math Puzzle

| 10 | + | 8 | + | 3 | = |   |
|----|---|---|---|---|---|---|
| +  |   | + |   | + |   | + |
| 9  | + | 4 | + | 6 | = |   |
| +  |   | + |   | + |   | + |
| 3  | + | 5 | + | 5 | = |   |
| =  |   | = |   | = |   | = |
|    | + |   | + |   | = |   |

Grade

Name _____
Date _____

## Math Puzzle

| 8 | + | 3 | + | 2 | = |   |
|---|---|---|---|---|---|---|
| + |   | + |   | + |   | + |
| 3 | + | 8 | + | 5 | = |   |
| + |   | + |   | + |   | + |
| 3 | + | 4 | + | 6 | = |   |
| = |   | = |   | = |   | = |
|   | + |   | + |   | = |   |

Grade

Name _____
Date _____

## Math Puzzle

| 8 | + | 9 | + | 4 | = |   |
|---|---|---|---|---|---|---|
| + |   | + |   | + |   | + |
| 2 | + | 3 | + | 10 | = |   |
| + |   | + |   | + |   | + |
| 2 | + | 6 | + | 10 | = |   |
| = |   | = |   | = |   | = |
|   | + |   | + |   | = |   |

Grade

Name _____
Date _____

## Math Puzzle

| 10 | + | 5 | + | 4  | = |   |
|----|---|---|---|----|---|---|
| +  |   | + |   | +  |   | + |
| 10 | + | 5 | + | 7  | = |   |
| +  |   | + |   | +  |   | + |
| 4  | + | 2 | + | 10 | = |   |
| =  |   | = |   | =  |   | = |
|    | + |   | + |    | = |   |

Grade

Name _____
Date _____

## Math Puzzle

| 8 | + | 6 | + | 1 | = | |
|---|---|---|---|---|---|---|
| + |   | + |   | + |   | + |
| 10 | + | 3 | + | 5 | = | |
| + |   | + |   | + |   | + |
| 6 | + | 5 | + | 6 | = | |
| = |   | = |   | = |   | = |
|   | + |   | + |   | = | |

Grade

Name _____
Date _____

## Math Puzzle

_____

| 6 | + | 4 | + | 10 | = |   |
|---|---|---|---|---|---|---|
| + |   | + |   | + |   | + |
| 8 | + | 6 | + | 2 | = |   |
| + |   | + |   | + |   | + |
| 5 | + | 5 | + | 2 | = |   |
| = |   | = |   | = |   | = |
|   | + |   | + |   | = |   |

Grade

## Math Puzzle

| 2 | + | 6 | + | 10 | = | |
|---|---|---|---|---|---|---|
| + | | + | | + | | + |
| 2 | + | 5 | + | 5 | = | |
| + | | + | | + | | + |
| 6 | + | 6 | + | 8 | = | |
| = | | = | | = | | = |
| | + | | + | | = | |

Name _____
Date _____

Grade

Name _____
Date _____

## Math Puzzle

| 2 | + | 3 | + | 9 | = | |
|---|---|---|---|---|---|---|
| + | | + | | + | | + |
| 4 | + | 1 | + | 2 | = | |
| + | | + | | + | | + |
| 9 | + | 10 | + | 9 | = | |
| = | | = | | = | | = |
| | + | | + | | = | |

Grade

Name _____
Date _____

## Math Puzzle

| 3 | + | 10 | + | 7 | = | |
|---|---|---|---|---|---|---|
| + | | + | | + | | + |
| 2 | + | 3 | + | 1 | = | |
| + | | + | | + | | + |
| 4 | + | 3 | + | 9 | = | |
| = | | = | | = | | = |
| | + | | + | | = | |

Grade

Name _____
Date _____

## Math Puzzle

| 5 | + | 1 | + | 2 | = | |
|---|---|---|---|---|---|---|
| + | | + | | + | | + |
| 8 | + | 9 | + | 8 | = | |
| + | | + | | + | | + |
| 7 | + | 9 | + | 10 | = | |
| = | | = | | = | | = |
| | + | | + | | = | |

Grade

Name _____
Date _____

## Math Puzzle

| 4 | + | 8 | + | 10 | = | |
|---|---|---|---|---|---|---|
| + | | + | | + | | + |
| 9 | + | 4 | + | 10 | = | |
| + | | + | | + | | + |
| 10 | + | 2 | + | 9 | = | |
| = | | = | | = | | = |
| | + | | + | | = | |

Grade

Name _____
Date _____

## Math Puzzle

| 2 | + | 2  | + | 3 | = |   |
|---|---|----|---|---|---|---|
| + |   | +  |   | + |   | + |
| 8 | + | 10 | + | 6 | = |   |
| + |   | +  |   | + |   | + |
| 4 | + | 2  | + | 6 | = |   |
| = |   | =  |   | = |   | = |
|   | + |    | + |   | = |   |

Grade

Name _____
Date _____

## Math Puzzle

| 10 | + | 8 | + | 8 | = |   |
| --- | --- | --- | --- | --- | --- | --- |
| + |   | + |   | + |   | + |
| 9 | + | 3 | + | 4 | = |   |
| + |   | + |   | + |   | + |
| 4 | + | 6 | + | 10 | = |   |
| = |   | = |   | = |   | = |
|   | + |   | + |   | = |   |

Grade

Name _____
Date _____

## Math Puzzle

| 4 | + | 5 | + | 10 | = | |
|---|---|---|---|---|---|---|
| + | | + | | + | | + |
| 3 | + | 9 | + | 10 | = | |
| + | | + | | + | | + |
| 2 | + | 5 | + | 7 | = | |
| = | | = | | = | | = |
| | + | | + | | = | |

Grade
☆ ☆ ☆
☆ ☆

Name _____
Date _____

## Math Puzzle

| 9  | +  | 8  | +  | 2  | =  |    |
|----|----|----|----|----|----|----|
| +  |    | +  |    | +  |    | +  |
| 9  | +  | 8  | +  | 1  | =  |    |
| +  |    | +  |    | +  |    | +  |
| 10 | +  | 5  | +  | 4  | =  |    |
| =  |    | =  |    | =  |    | =  |
|    | +  |    | +  |    | =  |    |

Grade

Name _____
Date _____

## Math Puzzle

| 7 | + | 7 | + | 8 | = |   |
|---|---|---|---|---|---|---|
| + |   | + |   | + |   | + |
| 1 | + | 1 | + | 8 | = |   |
| + |   | + |   | + |   | + |
| 5 | + | 5 | + | 4 | = |   |
| = |   | = |   | = |   | = |
|   | + |   | + |   | = |   |

Grade

Name _____
Date _____

## Math Puzzle

| 6 | + | 6 | + | 4 | = |   |
|---|---|---|---|---|---|---|
| + |   | + |   | + |   | + |
| 8 | + | 8 | + | 2 | = |   |
| + |   | + |   | + |   | + |
| 2 | + | 2 | + | 10 | = |   |
| = |   | = |   | = |   | = |
|   | + |   | + |   | = |   |

Grade

Name _____
Date _____

## Math Puzzle

| 5 | + | 2  | + | 5 | = |   |
|---|---|----|---|---|---|---|
| + |   | +  |   | + |   | + |
| 5 | + | 10 | + | 9 | = |   |
| + |   | +  |   | + |   | + |
| 5 | + | 5  | + | 9 | = |   |
| = |   | =  |   | = |   | = |
|   | + |    | + |   | = |   |

Grade

Name _____
Date _____

## Math Puzzle

| 9 | + | 8 | + | 1 | = |   |
|---|---|---|---|---|---|---|
| + |   | + |   | + |   | + |
| 4 | + | 1 | + | 4 | = |   |
| + |   | + |   | + |   | + |
| 3 | + | 5 | + | 5 | = |   |
| = |   | = |   | = |   | = |
|   | + |   | + |   | = |   |

Grade

Name _____
Date _____

## Math Puzzle

| 2 | + | 6 | + | 9 | = |   |
|---|---|---|---|---|---|---|
| + |   | + |   | + |   | + |
| 8 | + | 8 | + | 5 | = |   |
| + |   | + |   | + |   | + |
| 9 | + | 9 | + | 10 | = |   |
| = |   | = |   | = |   | = |
|   | + |   | + |   | = |   |

Grade

Name _____
Date _____

## Math Puzzle

| 3 | + | 8 | + | 10 | = |   |
|---|---|---|---|----|---|---|
| + |   | + |   | +  |   | + |
| 4 | + | 6 | + | 9  | = |   |
| + |   | + |   | +  |   | + |
| 5 | + | 5 | + | 3  | = |   |
| = |   | = |   | =  |   | = |
|   | + |   | + |    | = |   |

Grade

Name _____
Date _____

## Math Puzzle

| 2 | + | 3 | + | 8 | = |   |
|---|---|---|---|---|---|---|
| + |   | + |   | + |   | + |
| 3 | + | 5 | + | 8 | = |   |
| + |   | + |   | + |   | + |
| 3 | + | 4 | + | 6 | = |   |
| = |   | = |   | = |   | = |
|   | + |   | + |   | = |   |

Grade
☆ ☆ ☆
☆ ☆

Name _____
Date _____

## Math Puzzle

| 4  | + | 8 | + | 9 | = |   |
|----|---|---|---|---|---|---|
| +  |   | + |   | + |   | + |
| 10 | + | 2 | + | 3 | = |   |
| +  |   | + |   | + |   | + |
| 10 | + | 2 | + | 6 | = |   |
| =  |   | = |   | = |   | = |
|    | + |   | + |   | = |   |

Grade

Name _____
Date _____

## Math Puzzle

| 4  | +  | 5  | +  | 10 | =  |   |
|----|----|----|----|----|----|---|
| +  |    | +  |    | +  |    | + |
| 7  | +  | 5  | +  | 10 | =  |   |
| +  |    | +  |    | +  |    | + |
| 10 | +  | 2  | +  | 4  | =  |   |
| =  |    | =  |    | =  |    | = |
|    | +  |    | +  |    | =  |   |

Grade

Name _____
Date _____

## Math Puzzle

| 1 | + | 6 | + | 8 | = | |
|---|---|---|---|---|---|---|
| + | | + | | + | | + |
| 3 | + | 5 | + | 10 | = | |
| + | | + | | + | | + |
| 6 | + | 6 | + | 5 | = | |
| = | | = | | = | | = |
| | + | | + | | = | |

Grade

Name _____
Date _____

## Math Puzzle

| 10 | +  | 4 | +  | 6 | =  |   |
|----|----|---|----|---|----|---|
| +  |    | + |    | + |    | + |
| 2  | +  | 6 | +  | 8 | =  |   |
| +  |    | + |    | + |    | + |
| 2  | +  | 5 | +  | 5 | =  |   |
| =  |    | = |    | = |    | = |
|    | +  |   | +  |   | =  |   |

Grade

## Math Puzzle

| 10 | + | 6 | + | 2 | = |   |
| --- | --- | --- | --- | --- | --- | --- |
| +  |   | + |   | + |   | + |
| 5  | + | 5 | + | 2 | = |   |
| +  |   | + |   | + |   | + |
| 8  | + | 6 | + | 6 | = |   |
| =  |   | = |   | = |   | = |
|    | + |   | + |   | = |   |

Grade

Name _____
Date _____

## Math Puzzle

| 9 | + | 3 | + | 2 | = |   |
|---|---|---|---|---|---|---|
| + |   | + |   | + |   | + |
| 2 | + | 1 | + | 4 | = |   |
| + |   | + |   | + |   | + |
| 9 | + | 10 | + | 9 | = |   |
| = |   | = |   | = |   | = |
|   | + |   | + |   | = |   |

Grade

Name _____
Date _____

## Math Puzzle

| 7 | + | 10 | + | 3 | = | |
|---|---|---|---|---|---|---|
| + |   | + |   | + |   | + |
| 1 | + | 3 | + | 2 | = | |
| + |   | + |   | + |   | + |
| 9 | + | 3 | + | 4 | = | |
| = |   | = |   | = |   | = |
|   | + |   | + |   | = | |

Grade

Name _____
Date _____

## Math Puzzle

| 1 | + | 2 | + | 5 | = | |
|---|---|---|---|---|---|---|
| + | | + | | + | | + |
| 8 | + | 8 | + | 9 | = | |
| + | | + | | + | | + |
| 9 | + | 7 | + | 10 | = | |
| = | | = | | = | | = |
| | + | | + | | = | |

Grade

Name _____
Date _____

## Math Puzzle

| 10 | + | 8 | + | 4 | = |   |
|----|---|---|---|---|---|---|
| +  |   | + |   | + |   | + |
| 10 | + | 4 | + | 9 | = |   |
| +  |   | + |   | + |   | + |
| 10 | + | 2 | + | 9 | = |   |
| =  |   | = |   | = |   | = |
|    | + |   | + |   | = |   |

Grade

Name _____
Date _____

## Math Puzzle

| 3 | + | 2 | + | 2 | = |   |
|---|---|---|---|---|---|---|
| + |   | + |   | + |   | + |
| 6 | + | 8 | + | 10 | = |   |
| + |   | + |   | + |   | + |
| 2 | + | 4 | + | 6 | = |   |
| = |   | = |   | = |   | = |
|   | + |   | + |   | = |   |

Grade

Name _____
Date _____

## Measure the Perimeter of a Square

5cm

4cm

Perimeter = _____     Perimeter = _____

3cm

Perimeter Area = _____

7cm
Perimeter = _____

Name _____
Date _____

## Measure the Perimeter of a Square

7.0 cm

Perimeter = _____

6.0 cm

Perimeter = _____

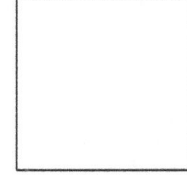

2.5 cm

Perimeter = _____

4.5 cm

Perimeter = _____

Grade

Name _____
Date _____

## Measure the Perimeter of a Square

7.5 cm

Perimeter = _____

8.0 cm

Perimeter = _____

6.0 cm

Perimeter = _____

3.8 cm

Perimeter = _____

Name _____
Date _____

## Measure the Perimeter of a Square

1.5 cm

Perimeter = _____

5.0 cm

Perimeter = _____

6.5 cm
Perimeter = _____

4.8 cm
Perimeter = _____

Grade

Name _____
Date _____

## Measure the Perimeter of a Square

8.0 cm
Perimeter = _____

4.0 cm
Perimeter = _____

5.0 cm
Perimeter = _____

3.2 cm
Perimeter = _____

Name _____
Date _____

## Measure the Perimeter of a Rectangle

2 cm

6 cm

Perimeter = _____

3cm

5cm

Perimeter = _____

4cm

7.0 cm

Perimeter = _____

6.0cm

2.0 cm

Permeter = _____

Grade

Name _____
Date _____

## Measure the Perimeter of a Rectangle

3.0 cm
4.0 cm

Perimeter = _____

4.0 cm
6.0 cm

Perimeter = _____

7.0 cm
5.0 cm

Perimeter = _____

5.0 cm
4.0 cm

Perimeter = _____

Name _____
Date _____

## Measure the Perimeter of a Rectangle

2.5 cm

4.0 cm

Perimeter = _____

3.0 cm

1.5 cm

Perimeter = _____

4.0 cm

8.0 cm

Perimeter = _____

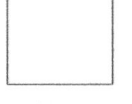

2.0 cm

3.5 cm

Perimeter = _____

Name _____
Date _____

## Measure the Perimeter of a Rectangle

4.0 cm    2.0 cm

2.5 cm    6.5 cm

Perimeter = _____     Perimeter = _____

1.5 cm    8.0 cm

6.0 cm    2.0 cm

Perimeter = _____     Petermeter = _____

Grade

Name _____
Date _____

## Measure the Perimeter of a Rectangle

7.0 cm

9.0 cm

Perimeter = _____

6.0 cm

3.5 cm

Perimeter = _____

3.5 cm

9.0 cm

Perimeter = _____

2.0 cm

3.0 cm

Perimeter = _____

Grade

Name _____
Date _____

## Measure the Area of a Square

5cm

Area = _____

4cm

Area = _____

3cm

Area = _____

7cm
Area = _____

Grade

Name _____
Date _____

## Measure the Area of a Square

7.0 cm

Area = _____

6.0 cm

Area = _____

2.5 cm

Area = _____

4.5 cm

Area = _____

Name _____
Date _____

## Measure the Area of a Square

7.5 cm
Area = _____

8.0 cm
Area = _____

6.0 cm
Area = _____

3.8 cm
Area = _____

Grade

Name _____
Date _____

## Measure the Area of a Square

1.5 cm

Area = _____

5.0 cm

Area = _____

6.5 cm

Area = _____

4.8 cm

Area = _____

Grade

Name _____
Date _____

## Measure the Area of a Square

8.0 cm
Area = _____

4.0 cm
Area = _____

5.0 cm
Area = _____

3.2 cm
Area = _____

Grade

Name _____
Date _____

## Measure the Area of a Rectangle

2 cm [rectangle]
6 cm
Area = _____

3cm [rectangle]
5cm
Area = _____

4cm [rectangle]
7.0 cm
Area = _____

6.0cm [rectangle]
2.0 cm
Area = _____

Name _____
Date _____

## Measure the Area of a Rectangle

3.0 cm  [rectangle]  
4.0 cm  
Area = _____

4.0 cm  [rectangle]  
6.0 cm  
Area = _____

7.0 cm  [rectangle]  
5.0 cm  
Area = _____

5.0 cm  
4.0 cm  
Area = _____

Name _____
Date _____

## Measure the Area of a Rectangle

2.5 cm

4.0 cm

Area = _____

3.0 cm

1.5 cm

Area = _____

4.0 cm

8.0 cm

Area = _____

2.0 cm

3.5 cm

Area = _____

Name _____
Date _____

## Measure the Area of a Rectangle

4.0 cm

2.0 cm

Area = _____

2.5 cm

6.5 cm

Area = _____

1.5 cm

8.0 cm

Area = _____

6.0cm

2.0 cm

Area = _____

Grade

Name _____
Date _____

## Measure the Area of a Rectangle

7.0 cm

9.0 cm

Area = _____

6.0 cm

3.5 cm

Area = _____

3.5 cm

9.0 cm

Area = _____

2.0 cm

3.0 cm

Area = _____

Grade

Name _____
Date _____

## Measure the Area of Circle

4.6 cm

6.5 cm

7.0 cm

5.4cm

Grade

Name _____
Date _____

## Measure the Area of Circle

5.0 cm

4.0 cm

3.5 cm

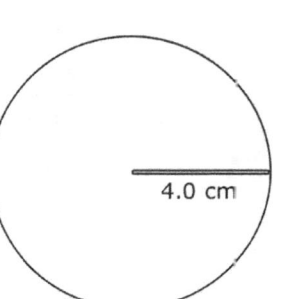

7.0 cm

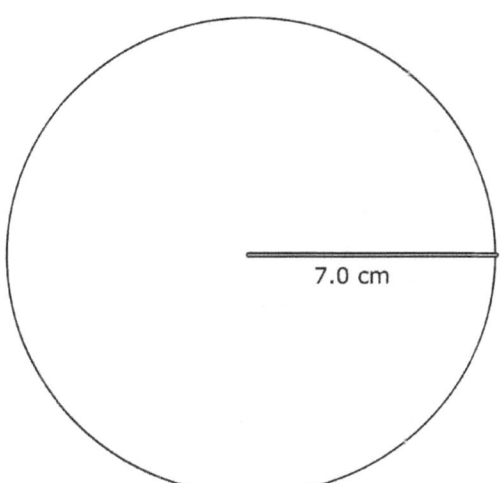

Grade

Name _____
Date _____

# Measure the Area of Circle

2.5 cm

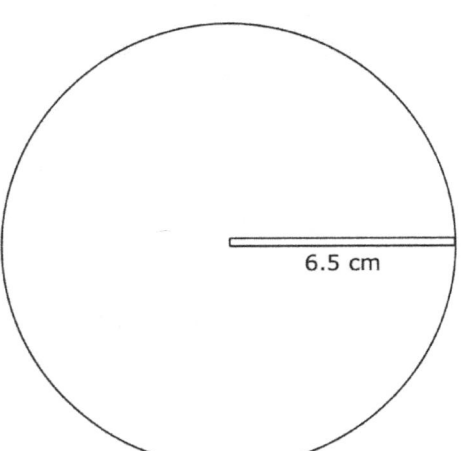
6.5 cm

4.3 cm

3.0 cm

5.5 cm

Grade

Name _____
Date _____

## Measure the Area of Circle

7.5 cm

4.0 cm

3.5 cm

4.7 cm

7.5 cm

Grade

Name _____
Date _____

## Measure the Area of Circle

2.0 cm

4.0 cm

5.2 cm

3.0 cm

8.0 cm

Grade

Name _____
Date _____

## Multiple of single digit with 1-digit numbers

| 2 | 4 | 3 | 5 |
|---|---|---|---|
| x 3 | x 5 | x 6 | x 1 |

| 3 | 4 | 2 | 5 |
|---|---|---|---|
| x 5 | x 2 | x 7 | x 2 |

| 6 | 5 | 6 | 7 |
|---|---|---|---|
| x 2 | x 3 | x 1 | x 2 |

| 3 | 4 | 5 | 6 |
|---|---|---|---|
| x 5 | x 3 | x 2 | x 3 |

| 8 | 4 | 1 | 5 |
|---|---|---|---|
| x 1 | x 4 | x 6 | x 3 |

Grade

Name _____
Date _____

## Multiple of single digit with 1-digit numbers

```
    3           2           5           4
  x 5         x 7         x 1         x 5
 ____        ____        ____        ____
 ____        ____        ____        ____

    2           4           1           2
  x 6         x 2         x 7         x 2
 ____        ____        ____        ____
 ____        ____        ____        ____

    3           2           7           3
  x 4         x 1         x 2         x 1
 ____        ____        ____        ____
 ____        ____        ____        ____

    6           5           5           1
  x 2         x 4         x 2         x 3
 ____        ____        ____        ____
 ____        ____        ____        ____

    4           6           3           3
  x 3         x 3         x 3         x 2
 ____        ____        ____        ____
 ____        ____        ____        ____
```

Grade

Name _____
Date _____

## Multiple of single digit with 1-digit numbers

```
   1          4          2          6
  x 2        x 1        x 4        x 1
 ____       ____       ____       ____


   1          1          4          1
  x 8        x 6        x 4        x 4
 ____       ____       ____       ____


   5          2          5          8
  x 3        x 3        x 1        x 1
 ____       ____       ____       ____


   2          1          7          1
  x 5        x 1        x 1        x 5
 ____       ____       ____       ____


   4          4          3          2
  x 5        x 4        x 6        x 4
 ____       ____       ____       ____
```

Grade
☆ ☆ ☆
☆ ☆

Name _____
Date _____

## Multiple of single digit with 1-digit numbers

| 1 | 2 | 3 | 1 |
|---|---|---|---|
| x 5 | x 6 | x 5 | x 6 |

| 6 | 1 | 2 | 1 |
|---|---|---|---|
| x 2 | x 3 | x 4 | x 5 |

| 3 | 1 | 5 | 2 |
|---|---|---|---|
| x 4 | x 8 | x 2 | x 2 |

| 5 | 2 | 5 | 6 |
|---|---|---|---|
| x 4 | x 3 | x 3 | x 1 |

| 6 | 3 | 6 | 1 |
|---|---|---|---|
| x 5 | x 6 | x 3 | x 4 |

Grade

Name _____
Date _____

## Multiple of single digit with 1-digit numbers

| 3 | 1 | 4 | 2 |
|---|---|---|---|
| x 3 | x 1 | x 3 | x 4 |

| 1 | 7 | 4 | 7 |
|---|---|---|---|
| x 2 | x 1 | x 5 | x 2 |

| 4 | 2 | 1 | 4 |
|---|---|---|---|
| x 2 | x 7 | x 7 | x 5 |

| 4 | 2 | 4 | 3 |
|---|---|---|---|
| x 4 | x 5 | x 1 | x 2 |

| 3 | 5 | 8 | 2 |
|---|---|---|---|
| x 1 | x 1 | x 1 | x 1 |

Grade
☆ ☆ ☆
☆ ☆

Name _____
Date _____

## Multiple of 2-digits with 1-digit numbers

| 15 | 14 | 14 | 15 |
|---|---|---|---|
| x 8 | x 6 | x 7 | x 7 |

| 17 | 11 | 12 | 16 |
|---|---|---|---|
| x 8 | x 2 | x 7 | x 7 |

| 13 | 14 | 18 | 11 |
|---|---|---|---|
| x 7 | x 6 | x 9 | x 9 |

| 15 | 17 | 15 | 11 |
|---|---|---|---|
| x 8 | x 9 | x 6 | x 6 |

| 14 | 14 | 11 | 13 |
|---|---|---|---|
| x 8 | x 5 | x 5 | x 4 |

Grade

Name ____
Date ____

## Multiple of 2-digits with 1-digit numbers

| 19 | 23 | 26 | 28 |
|---|---|---|---|
| x 3 | x 6 | x 7 | x 9 |

| 18 | 14 | 16 | 13 |
|---|---|---|---|
| x 5 | x 6 | x 8 | x 7 |

| 10 | 15 | 17 | 21 |
|---|---|---|---|
| x 2 | x 9 | x 7 | x 7 |

| 24 | 27 | 12 | 17 |
|---|---|---|---|
| x 7 | x 9 | x 9 | x 9 |

| 25 | 21 | 10 | 22 |
|---|---|---|---|
| x 8 | x 5 | x 7 | x 4 |

Grade

Name _____
Date _____

## Multiple of 2-digits with 1-digit numbers

| 15 | 12 | 11 | 10 |
|---|---|---|---|
| x 9 | x 8 | x 6 | x 3 |

| 13 | 16 | 17 | 17 |
|---|---|---|---|
| x 9 | x 7 | x 9 | x 4 |

| 10 | 12 | 16 | 12 |
|---|---|---|---|
| x 5 | x 3 | x 8 | x 9 |

| 16 | 17 | 13 | 15 |
|---|---|---|---|
| x 9 | x 8 | x 8 | x 6 |

| 14 | 17 | 16 | 18 |
|---|---|---|---|
| x 9 | x 8 | x 8 | x 9 |

Grade

Name _____
Date _____

## Multiple of 2- digits with 1-digit numbers

| 11 | 12 | 15 | 11 |
| x 7 | x 3 | x 6 | x 9 |

| 10 | 12 | 15 | 14 |
| x 2 | x 8 | x 9 | x 9 |

| 13 | 14 | 14 | 10 |
| x 8 | x 5 | x 6 | x 6 |

| 17 | 17 | 15 | 15 |
| x 9 | x 8 | x 7 | x 8 |

| 18 | 14 | 13 | 11 |
| x 9 | x 7 | x 9 | x 9 |

Grade

Name _____
Date _____

## Multiple of 2- digits with 1-digit numbers

| 14 | 16 | 13 | 17 |
| x 9 | x 8 | x 7 | x 9 |
| ___ | ___ | ___ | ___ |

| 15 | 15 | 14 | 15 |
| x 8 | x 6 | x 8 | x 9 |
| ___ | ___ | ___ | ___ |

| 11 | 13 | 16 | 14 |
| x 5 | x 4 | x 7 | x 5 |
| ___ | ___ | ___ | ___ |

| 14 | 16 | 11 | 12 |
| x 7 | x 9 | x 7 | x 6 |
| ___ | ___ | ___ | ___ |

| 13 | 14 | 15 | 12 |
| x 5 | x 6 | x 7 | x 3 |
| ___ | ___ | ___ | ___ |

Grade

Name _____
Date _____

## Multiple of 2- digits with 1-digit numbers

| 13 | 15 | 16 | 18 |
| x 4 | x 6 | x 7 | x 9 |

| 16 | 14 | 16 | 13 |
| x 8 | x 8 | x 9 | x 5 |

| 10 | 14 | 15 | 13 |
| x 9 | x 9 | x 7 | x 7 |

| 14 | 17 | 14 | 17 |
| x 7 | x 9 | x 9 | x 9 |

| 17 | 13 | 10 | 13 |
| x 8 | x 9 | x 8 | x 4 |

Grade

Name _____
Date _____

## Multiple of 2- digits with 1-digit numbers

| 35 | 15 | 13 | 16 |
|---|---|---|---|
| x 9 | x 7 | x 8 | x 7 |

| 18 | 12 | 13 | 17 |
|---|---|---|---|
| x 8 | x 3 | x 8 | x 8 |

| 14 | 15 | 19 | 20 |
|---|---|---|---|
| x 7 | x 6 | x 9 | x 9 |

| 21 | 18 | 19 | 12 |
|---|---|---|---|
| x 8 | x 9 | x 6 | x 6 |

| 15 | 16 | 11 | 13 |
|---|---|---|---|
| x 8 | x 4 | x 9 | x 7 |

Grade

Name _____
Date _____

## Multiple of 2- digits with 1-digit numbers

| 21 | 22 | 10 | 10 |
|---|---|---|---|
| x 9 | x 8 | x 6 | x 2 |

| 11 | 18 | 19 | 18 |
|---|---|---|---|
| x 2 | x 3 | x 9 | x 2 |

| 17 | 17 | 18 | 21 |
|---|---|---|---|
| x 5 | x 3 | x 8 | x 9 |

| 19 | 18 | 21 | 19 |
|---|---|---|---|
| x 6 | x 7 | x 8 | x 6 |

| 11 | 23 | 26 | 28 |
|---|---|---|---|
| x 9 | x 8 | x 8 | x 9 |

Grade

Name _____
Date _____

## Multiple of 2- digits with 1-digit numbers

| 17 | 13 | 16 | 25 |
| x 1 | x 2 | x 5 | x 9 |

| 20 | 18 | 25 | 29 |
| x 2 | x 8 | x 9 | x 9 |

| 18 | 28 | 19 | 16 |
| x 3 | x 5 | x 6 | x 6 |

| 20 | 27 | 25 | 25 |
| x 9 | x 8 | x 2 | x 3 |

| 21 | 24 | 23 | 2 |
| x 1 | x 7 | x 9 | x 9 |

Grade

Name _____
Date _____

## Multiple of 2-digits with 1-digit numbers

| 17 | 11 | 23 | 25 |
|---|---|---|---|
| x 9 | x 8 | x 7 | x 9 |

| 15 | 25 | 24 | 10 |
|---|---|---|---|
| x 9 | x 5 | x 9 | x 4 |

| 22 | 21 | 26 | 24 |
|---|---|---|---|
| x 9 | x 8 | x 7 | x 5 |

| 14 | 16 | 11 | 12 |
|---|---|---|---|
| x 8 | x 1 | x 2 | x 4 |

| 11 | 16 | 17 | 18 |
|---|---|---|---|
| x 4 | x 5 | x 5 | x 2 |

Grade
☆ ☆ ☆
☆ ☆

Name _____
Date _____

## Multiple of 2- digits with 2-digit numbers

| 33 | 15 | 26 | 21 |
|---|---|---|---|
| x 63 | x 45 | x 46 | x 51 |

| 23 | 64 | 52 | 15 |
|---|---|---|---|
| x 38 | x 36 | x 19 | x 57 |

| 16 | 75 | 16 | 37 |
|---|---|---|---|
| x 72 | x 13 | x 61 | x 32 |

| 63 | 44 | 75 | 16 |
|---|---|---|---|
| x 25 | x 43 | x 22 | x 13 |

| 48 | 44 | 77 | 35 |
|---|---|---|---|
| x 21 | x 58 | x 26 | x 53 |

Grade

Name _____
Date _____

## Multiple of 2-digits with 2-digit numbers

```
  23        25        24        20
x 23      x 24      x 23      x 18
_____     _____     _____     _____


  11        30        13        30
x 12      x 50      x 11      x 24
_____     _____     _____     _____


  54        23        31        43
x 32      x 71      x 67      x 55
_____     _____     _____     _____


  34        52        34        30
x 54      x 45      x 11      x 31
_____     _____     _____     _____


  33        52        20        23
x 12      x 11      x 19      x 14
_____     _____     _____     _____
```

Grade

Name _____
Date _____

## Multiple of 2- digits with 2-digit numbers

| 31 | 32 | 33 | 19 |
| x 25 | x 36 | x 35 | x 30 |

| 30 | 17 | 26 | 10 |
| x 28 | x 32 | x 42 | x 19 |

| 30 | 15 | 51 | 28 |
| x 43 | x 24 | x 22 | x 21 |

| 52 | 23 | 56 | 66 |
| x 46 | x 35 | x 31 | x 13 |

| 65 | 30 | 65 | 23 |
| x 11 | x 29 | x 33 | x 14 |

Grade

Name _____
Date _____

## Multiple of 2- digits with 2-digit numbers

| 55 | 29 | 59 | 46 |
|---|---|---|---|
| x 23 | x 35 | x 46 | x 21 |

| 68 | 74 | 19 | 45 |
|---|---|---|---|
| x 25 | x 62 | x 77 | x 32 |

| 61 | 25 | 46 | 37 |
|---|---|---|---|
| x 24 | x 63 | x 31 | x 12 |

| 23 | 54 | 45 | 46 |
|---|---|---|---|
| x 55 | x 33 | x 52 | x 13 |

| 48 | 40 | 14 | 53 |
|---|---|---|---|
| x 31 | x 43 | x 62 | x 32 |

Grade

Name _____
Date _____

## Multiple of 2- digits with 2-digit numbers

| 11 | 14 | 12 | 15 |
|---|---|---|---|
| x 22 | x 11 | x 14 | x 14 |

| 15 | 12 | 33 | 31 |
|---|---|---|---|
| x 13 | x 11 | x 44 | x 54 |

| 23 | 32 | 45 | 18 |
|---|---|---|---|
| x 33 | x 33 | x 31 | x 11 |

| 22 | 13 | 24 | 63 |
|---|---|---|---|
| x 25 | x 15 | x 13 | x 12 |

| 13 | 43 | 34 | 43 |
|---|---|---|---|
| x 24 | x 41 | x 35 | x 36 |

Grade

Name _____
Date _____

## Multiple of 2- digits with 2-digit numbers

| 23 | 71 | 34 | 32 |
|---|---|---|---|
| x 23 | x 10 | x 13 | x 34 |

| 31 | 17 | 40 | 76 |
|---|---|---|---|
| x 12 | x 41 | x 50 | x 23 |

| 45 | 24 | 18 | 24 |
|---|---|---|---|
| x 23 | x 37 | x 17 | x 25 |

| 41 | 23 | 33 | 53 |
|---|---|---|---|
| x 44 | x 23 | x 15 | x 12 |

| 36 | 54 | 43 | 26 |
|---|---|---|---|
| x 11 | x 13 | x 11 | x 12 |

Grade

Name _____
Date _____

## Multiple of 2- digits with 2-digit numbers

```
   13        27        13        31
 x 16      x 22      x 15      x 36
 ____      ____      ____      ____


   16        51        42        11
 x 12      x 43      x 44      x 15
 ____      ____      ____      ____


   33        31        25        12
 x 34      x 38      x 22      x 22
 ____      ____      ____      ____


   50        29        57        18
 x 40      x 30      x 32      x 10
 ____      ____      ____      ____


   17        33        66        13
 x 12      x 63      x 31      x 44
 ____      ____      ____      ____
```

Grade

Name _____
Date _____

## Multiple of 2- digits with 2-digit numbers

| 63 | 51 | 21 | 34 |
|---|---|---|---|
| x 32 | x 18 | x 17 | x 31 |

| 30 | 40 | 20 | 45 |
|---|---|---|---|
| x 25 | x 25 | x 40 | x 32 |

| 66 | 52 | 68 | 27 |
|---|---|---|---|
| x 23 | x 36 | x 11 | x 32 |

| 30 | 42 | 58 | 60 |
|---|---|---|---|
| x 25 | x 35 | x 21 | x 30 |

| 85 | 47 | 71 | 35 |
|---|---|---|---|
| x 13 | x 42 | x 26 | x 23 |

Grade

Name _____
Date _____

## Multiple of 2-digits with 2-digit numbers

| 13 | 42 | 50 | 54 |
|---|---|---|---|
| x 55 | x 27 | x 15 | x 25 |

| 25 | 54 | 20 | 20 |
|---|---|---|---|
| x 62 | x 32 | x 70 | x 25 |

| 36 | 12 | 24 | 34 |
|---|---|---|---|
| x 42 | x 21 | x 24 | x 10 |

| 65 | 54 | 52 | 16 |
|---|---|---|---|
| x 22 | x 42 | x 26 | x 32 |

| 46 | 63 | 35 | 33 |
|---|---|---|---|
| x 33 | x 32 | x 32 | x 22 |

Grade

Name _____
Date _____

## Multiple of 2- digits with 2-digit numbers

| 20   | 28   | 23   | 34   |
|------|------|------|------|
| x 18 | x 20 | x 20 | x 32 |

| 15   | 20   | 30   | 10   |
|------|------|------|------|
| x 22 | x 16 | x 40 | x 40 |

| 50   | 20   | 25   | 13   |
|------|------|------|------|
| x 40 | x 30 | x 24 | x 12 |

| 15   | 14   | 12   | 13   |
|------|------|------|------|
| x 13 | x 15 | x 16 | x 25 |

| 40   | 54   | 34   | 30   |
|------|------|------|------|
| x 55 | x 54 | x 32 | x 25 |

Grade

Name _____
Date _____

## Multiple of 3- digit with 1-digit numbers

| 123 | 141 | 131 | 151 |
| x 3 | x 5 | x 6 | x 1 |

| 113 | 114 | 112 | 115 |
| x 5 | x 2 | x 7 | x 2 |

| 116 | 125 | 126 | 127 |
| x 2 | x 3 | x 1 | x 2 |

| 123 | 124 | 135 | 136 |
| x 5 | x 3 | x 2 | x 3 |

| 138 | 134 | 131 | 135 |
| x 1 | x 4 | x 6 | x 3 |

Grade

Name _____
Date _____

## Multiple of 3-digit with 1-digit numbers

| 154 | 156 | 153 | 157 |
| x 9 | x 8 | x 7 | x 9 |

| 155 | 155 | 154 | 155 |
| x 8 | x 6 | x 8 | x 9 |

| 151 | 153 | 156 | 154 |
| x 5 | x 4 | x 7 | x 5 |

| 154 | 156 | 151 | 152 |
| x 7 | x 9 | x 7 | x 6 |

| 153 | 154 | 155 | 152 |
| x 5 | x 6 | x 7 | x 3 |

Grade

Name _____
Date _____

## Multiple of 3-digit with 1-digit numbers

| 163 | 165 | 166 | 168 |
| x 4 | x 6 | x 7 | x 9 |

| 166 | 164 | 166 | 163 |
| x 8 | x 8 | x 9 | x 5 |

| 160 | 164 | 165 | 163 |
| x 9 | x 9 | x 7 | x 7 |

| 164 | 167 | 164 | 167 |
| x 7 | x 9 | x 9 | x 9 |

| 167 | 163 | 160 | 163 |
| x 8 | x 9 | x 8 | x 4 |

Grade

Name _____
Date _____

## Multiple of 3-digit with 1-digit numbers

| 133 | 122 | 135 | 124 |
| x 5 | x 7 | x 1 | x 5 |
| ___ | ___ | ___ | ___ |

| 132 | 144 | 151 | 152 |
| x 6 | x 2 | x 7 | x 2 |
| ___ | ___ | ___ | ___ |

| 153 | 162 | 167 | 163 |
| x 4 | x 1 | x 2 | x 1 |
| ___ | ___ | ___ | ___ |

| 166 | 165 | 165 | 151 |
| x 2 | x 4 | x 2 | x 3 |
| ___ | ___ | ___ | ___ |

| 144 | 166 | 163 | 153 |
| x 3 | x 3 | x 3 | x 2 |
| ___ | ___ | ___ | ___ |

Grade
☆ ☆ ☆
☆ ☆

Name _____
Date _____

## Multiple of 3-digit with 1-digit numbers

| 113 | 114 | 112 | 116 |
| x 2 | x 1 | x 4 | x 1 |

| 121 | 121 | 124 | 121 |
| x 8 | x 6 | x 4 | x 4 |

| 135 | 132 | 135 | 138 |
| x 3 | x 3 | x 1 | x 1 |

| 142 | 141 | 147 | 141 |
| x 5 | x 1 | x 1 | x 5 |

| 144 | 144 | 143 | 142 |
| x 5 | x 4 | x 6 | x 4 |

Grade

Name _____
Date _____

## Multiple of single digit with 1-digit numbers

| 151 | 152 | 153 | 151 |
| x 5 | x 6 | x 5 | x 6 |

| 156 | 151 | 152 | 154 |
| x 2 | x 3 | x 4 | x 5 |

| 153 | 151 | 155 | 152 |
| x 4 | x 8 | x 2 | x 2 |

| 155 | 152 | 155 | 156 |
| x 4 | x 3 | x 3 | x 1 |

| 156 | 153 | 156 | 151 |
| x 5 | x 6 | x 3 | x 4 |

Grade

Name _____
Date _____

## Multiple of 3- digit with 1-digit numbers

| 163 | 161 | 164 | 162 |
|---|---|---|---|
| x 3 | x 1 | x 3 | x 4 |

| 161 | 167 | 164 | 167 |
|---|---|---|---|
| x 2 | x 1 | x 5 | x 2 |

| 164 | 162 | 161 | 165 |
|---|---|---|---|
| x 2 | x 7 | x 7 | x 5 |

| 164 | 162 | 164 | 163 |
|---|---|---|---|
| x 4 | x 5 | x 1 | x 2 |

| 163 | 155 | 148 | 132 |
|---|---|---|---|
| x 1 | x 1 | x 1 | x 1 |

Grade

Name _____
Date _____

## Multiple of 3-digit with 1-digit numbers

| 115 | 114 | 114 | 115 |
| x 8 | x 6 | x 7 | x 7 |
| ___ | ___ | ___ | ___ |

| 127 | 121 | 122 | 126 |
| x 8 | x 2 | x 7 | x 7 |
| ___ | ___ | ___ | ___ |

| 123 | 124 | 128 | 121 |
| x 7 | x 6 | x 9 | x 9 |
| ___ | ___ | ___ | ___ |

| 125 | 127 | 125 | 121 |
| x 8 | x 9 | x 6 | x 6 |
| ___ | ___ | ___ | ___ |

| 124 | 124 | 121 | 123 |
| x 8 | x 5 | x 5 | x4 |
| ___ | ___ | ___ | ___ |

Grade
☆ ☆ ☆
☆ ☆

Name _____
Date _____

## Multiple of 3-digit with 1-digit numbers

| 135 | 132 | 131 | 130 |
| x 9 | x 8 | x 6 | x 3 |

| 133 | 136 | 137 | 137 |
| x 9 | x 7 | x 9 | x 4 |

| 130 | 132 | 136 | 132 |
| x 5 | x 3 | x 8 | x 9 |

| 136 | 137 | 133 | 135 |
| x 9 | x 8 | x 8 | x 6 |

| 134 | 137 | 136 | 138 |
| x 9 | x 8 | x 8 | x 9 |

Grade

Name _____
Date _____

## Multiple of 3- digit with 1-digit numbers

| 141 | 142 | 145 | 141 |
| x 7 | x 3 | x 6 | x 9 |

| 140 | 142 | 145 | 144 |
| x 2 | x 8 | x 9 | x 9 |

| 143 | 144 | 144 | 140 |
| x 8 | x 5 | x 6 | x 6 |

| 147 | 147 | 145 | 145 |
| x 9 | x 8 | x 7 | x 8 |

| 148 | 144 | 143 | 141 |
| x 9 | x 7 | x 9 | x9 |

Grade

Name _____
Date _____

## Multiple of 3-digit with 2-digit numbers

| 163 | 165 | 166 | 168 |
| x 14 | x 16 | x 17 | x 19 |
| ____ | ____ | ____ | ____ |

| 166 | 164 | 166 | 163 |
| x 28 | x28 | x 29 | x 25 |
| ____ | ____ | ____ | ____ |

| 160 | 164 | 165 | 163 |
| x 39 | x 39 | x 37 | x 37 |
| ____ | ____ | ____ | ____ |

| 164 | 167 | 164 | 167 |
| x 47 | x 49 | x 49 | x 49 |
| ____ | ____ | ____ | ____ |

| 167 | 163 | 160 | 163 |
| x 58 | x 59 | x 58 | x 54 |
| ____ | ____ | ____ | ____ |

Grade

Name _____
Date _____

## Multiple of 3-digit with 2-digit numbers

| 133 | 122 | 135 | 124 |
| x 56 | x 67 | x 51 | x 55 |

| 132 | 144 | 151 | 152 |
| x 36 | x 52 | x 37 | x 32 |

| 153 | 162 | 167 | 163 |
| x 34 | x 11 | x 12 | x 12 |

| 166 | 165 | 165 | 151 |
| x 24 | x 34 | x 24 | x 34 |

| 144 | 166 | 163 | 153 |
| x 35 | x 35 | x 36 | x 26 |

Grade

Name _____
Date _____

## Multiple of 3-digit with 2-digit numbers

| 123 | 141 | 131 | 151 |
| x 39 | x 35 | x 36 | x 31 |

| 113 | 114 | 112 | 115 |
| x 53 | x 23 | x 37 | x 28 |

| 116 | 125 | 126 | 127 |
| x 29 | x 39 | x 19 | x 28 |

| 123 | 124 | 135 | 136 |
| x 56 | x 36 | x 26 | x 37 |

| 138 | 134 | 131 | 135 |
| x 17 | x 46 | x 36 | x 38 |

Grade

Name _____
Date _____

## Multiple of 3- digit with 2-digit numbers

| 154 | 156 | 153 | 157 |
| x 19 | x 28 | x 37 | x 49 |

| 155 | 155 | 154 | 155 |
| x 48 | x46 | x 38 | x 39 |

| 151 | 153 | 156 | 154 |
| x 25 | x 24 | x 27 | x 25 |

| 154 | 156 | 151 | 152 |
| x 17 | x 19 | x 17 | x 16 |

| 153 | 154 | 155 | 152 |
| x 35 | x 36 | x 37 | x 33 |

Grade

Name _____
Date _____

## Multiple of 3-digit with 2-digit numbers

| 141 | 142 | 145 | 141 |
| x 17 | x 23 | x 36 | x 49 |

| 140 | 142 | 145 | 144 |
| x 42 | x 28 | x 19 | x 39 |

| 143 | 144 | 144 | 140 |
| x 38 | x 35 | x 36 | x 36 |

| 147 | 147 | 145 | 145 |
| x 49 | x 48 | x 47 | x 48 |

| 148 | 144 | 143 | 141 |
| x 59 | x 57 | x 59 | x59 |

Grade

Name _____
Date _____

## Multiple of 3-digit with 2-digit numbers

| 135 | 132 | 131 | 130 |
| x 29 | x 28 | x 26 | x 23 |

| 133 | 136 | 137 | 137 |
| x 19 | x 17 | x 19 | x 14 |

| 130 | 132 | 136 | 132 |
| x 35 | x 33 | x 38 | x 39 |

| 136 | 137 | 133 | 135 |
| x 49 | x 48 | x 48 | x 46 |

| 134 | 137 | 136 | 138 |
| x 19 | x 18 | x 28 | x 29 |

Grade
☆ ☆ ☆
☆ ☆

Name _____
Date _____

## Multiple of 3- digit with 2-digit numbers

| 115 | 114 | 114 | 115 |
| x 58 | x 36 | x 27 | x 17 |

| 127 | 121 | 122 | 126 |
| x 18 | x 22 | x 27 | x 37 |

| 123 | 124 | 128 | 121 |
| x 47 | x 46 | x 19 | x 29 |

| 125 | 127 | 125 | 121 |
| x 28 | x 29 | x 16 | x 26 |

| 124 | 124 | 121 | 123 |
| x 48 | x 35 | x 25 | x14 |

Grade

Name _____
Date _____

## Multiple of 3- digit with 2-digit numbers

| 163 | 161 | 164 | 162 |
|---|---|---|---|
| x 31 | x 21 | x 23 | x 14 |

| 161 | 167 | 164 | 167 |
|---|---|---|---|
| x 25 | x 14 | x 15 | x 12 |

| 164 | 162 | 161 | 165 |
|---|---|---|---|
| x 21 | x 27 | x 37 | x 51 |

| 164 | 162 | 164 | 163 |
|---|---|---|---|
| x 41 | x 52 | x 13 | x 23 |

| 163 | 155 | 148 | 132 |
|---|---|---|---|
| x 15 | x 13 | x 12 | x 11 |

Grade

Name _____
Date _____

## Multiple of single digit with 2-digit numbers

| 151 | 152 | 153 | 151 |
| x 51 | x 16 | x 52 | x 26 |

| 156 | 151 | 152 | 154 |
| x 24 | x 35 | x 46 | x 56 |

| 153 | 151 | 155 | 152 |
| x 47 | x 28 | x 29 | x 27 |

| 155 | 152 | 155 | 156 |
| x 41 | x 32 | x 33 | x 14 |

| 156 | 153 | 156 | 151 |
| x 55 | x 26 | x 35 | x 47 |

Grade

Name _____
Date _____

## Multiple of 3-digit with 2-digit numbers

| 113 | 114 | 112 | 116 |
| x 29 | x 18 | x 47 | x 16 |

| 121 | 121 | 124 | 121 |
| x 58 | x 46 | x 46 | x 47 |

| 135 | 132 | 135 | 138 |
| x 39 | x 38 | x 16 | x 17 |

| 142 | 141 | 147 | 141 |
| x 58 | x 18 | x 19 | x 59 |

| 144 | 144 | 143 | 142 |
| x 51 | x 42 | x 36 | x 40 |

Grade

Name _____
Date _____

## Multiple of 3-digit with 3-digit numbers

| 112 | 114 | 113 | 115 |
|---|---|---|---|
| x 113 | x 115 | x 116 | x 111 |

| 123 | 124 | 122 | 125 |
|---|---|---|---|
| x 125 | x 122 | x 127 | x 122 |

| 136 | 135 | 136 | 137 |
|---|---|---|---|
| x 132 | x 133 | x 131 | x 132 |

| 143 | 144 | 145 | 146 |
|---|---|---|---|
| x 145 | x 143 | x 142 | x 143 |

| 158 | 154 | 151 | 155 |
|---|---|---|---|
| x 151 | x 154 | x 156 | x 153 |

Grade

Name _____
Date _____

## Multiple of 3-digit with 3-digit numbers

| 151 | 142 | 133 | 131 |
| x 155 | x 146 | x 135 | x 136 |

| 126 | 111 | 102 | 100 |
| x 122 | x 113 | x 104 | x 150 |

| 173 | 181 | 195 | 120 |
| x 174 | x 188 | x 182 | x 120 |

| 125 | 112 | 105 | 160 |
| x 124 | x 113 | x 103 | x 100 |

| 160 | 133 | 126 | 100 |
| x 105 | x 106 | x 123 | x 104 |

Grade

Name _____
Date _____

## Multiple of 3-digit with 3-digit numbers

| 193 | 191 | 194 | 192 |
|---|---|---|---|
| x 113 | x 111 | x 113 | x 114 |

| 181 | 187 | 184 | 187 |
|---|---|---|---|
| x 112 | x 111 | x 115 | x 112 |

| 174 | 172 | 171 | 174 |
|---|---|---|---|
| x 112 | x 117 | x 117 | x 115 |

| 164 | 162 | 164 | 163 |
|---|---|---|---|
| x 114 | x 115 | x 111 | x 112 |

| 153 | 155 | 158 | 152 |
|---|---|---|---|
| x 111 | x 111 | x 111 | x 111 |

Grade

Name _____
Date _____

## Multiple of 3-digit with 3-digit numbers

| 153 | 152 | 155 | 154 |
|---|---|---|---|
| x 155 | x 157 | x 151 | x 155 |

| 162 | 164 | 161 | 162 |
|---|---|---|---|
| x 166 | x 162 | x 167 | x 162 |

| 173 | 172 | 177 | 173 |
|---|---|---|---|
| x 174 | x 171 | x 172 | x 171 |

| 186 | 185 | 185 | 181 |
|---|---|---|---|
| x 182 | x 184 | x 182 | x 183 |

| 194 | 196 | 193 | 193 |
|---|---|---|---|
| x 193 | x 193 | x 193 | x 192 |

Grade

Name _____
Date _____

## Multiple of 3-digit with 3-digit numbers

| 111 | 124 | 122 | 126 |
|---|---|---|---|
| x 122 | x 111 | x 114 | x 111 |

| 131 | 131 | 134 | 131 |
|---|---|---|---|
| x 118 | x 116 | x 114 | x 114 |

| 145 | 142 | 145 | 148 |
|---|---|---|---|
| x 113 | x 113 | x 111 | x 111 |

| 152 | 151 | 157 | 151 |
|---|---|---|---|
| x 115 | x 111 | x 111 | x 115 |

| 164 | 164 | 163 | 162 |
|---|---|---|---|
| x 115 | x 114 | x 116 | x 114 |

Grade

Name _____
Date _____

## Multiple of 3- digit with 3-digit numbers

| 131 | 132 | 133 | 131 |
| x 125 | x 126 | x 125 | x 126 |

| 136 | 121 | 102 | 131 |
| x 122 | x 123 | x 104 | x 125 |

| 133 | 131 | 135 | 122 |
| x 124 | x 128 | x 122 | x 122 |

| 115 | 112 | 115 | 136 |
| x 114 | x 113 | x 113 | x 121 |

| 136 | 133 | 136 | 131 |
| x 125 | x 126 | x 123 | x 124 |

Grade

Name _____
Date _____

## Multiple of 3- digit with 3-digit numbers

| 173 | 171 | 174 | 172 |
|---|---|---|---|
| x 113 | x 111 | x 113 | x 114 |

| 171 | 177 | 174 | 177 |
|---|---|---|---|
| x 112 | x 111 | x 115 | x 112 |

| 174 | 112 | 171 | 174 |
|---|---|---|---|
| x 112 | x 117 | x 117 | x 115 |

| 174 | 162 | 154 | 143 |
|---|---|---|---|
| x 174 | x 165 | x 151 | x 142 |

| 173 | 165 | 178 | 112 |
|---|---|---|---|
| x 111 | x 111 | x 111 | x 111 |

Grade

Name _____
Date _____

## Multiple of 3-digit with 3-digit numbers

```
  102         104         103         105
x 103       x 105       x 106       x 101
_____      _____      _____      _____


  103         104         102         105
x 105       x 102       x 107       x 102
_____      _____      _____      _____


  106         105         106         107
x 102       x 103       x 101       x 102
_____      _____      _____      _____


  103         104         105         106
x 105       x 103       x 102       x 103
_____      _____      _____      _____


  108         104         101         105
x 101       x 104       x 106       x 103
_____      _____      _____      _____
```

Grade

Name _____
Date _____

## Multiple of 3-digit with 3-digit numbers

| 113 | 112 | 115 | 114 |
|---|---|---|---|
| x 105 | x 107 | x 101 | x 105 |

| 112 | 114 | 101 | 112 |
|---|---|---|---|
| x 106 | x 102 | x 107 | x 102 |

| 113 | 112 | 117 | 113 |
|---|---|---|---|
| x 104 | x 101 | x 102 | x 101 |

| 116 | 115 | 115 | 111 |
|---|---|---|---|
| x 102 | x 104 | x 102 | x 103 |

| 114 | 116 | 113 | 113 |
|---|---|---|---|
| x 103 | x 103 | x 113 | x 112 |

Grade

Name _____
Date _____

## Multiple of 3-digit with 3-digit numbers

| | | | |
|---|---|---|---|
| 110 × 120 | 140 × 110 | 120 × 140 | 160 × 110 |
| 110 × 108 | 110 × 160 | 140 × 140 | 110 × 104 |
| 150 × 130 | 120 × 130 | 105 × 110 | 108 × 110 |
| 120 × 115 | 100 × 100 | 107 × 111 | 150 × 150 |
| 140 × 150 | 104 × 104 | 130 × 160 | 200 × 140 |

Grade

Name _____
Date _____

## Odd or Even Worksheet
Count and circle odd or even

Odd   or   Even

Odd   or   Even

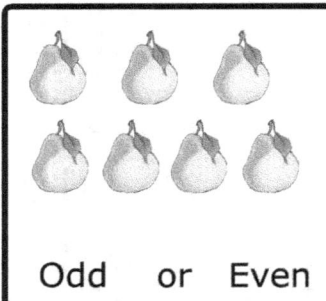

Odd   or   Even

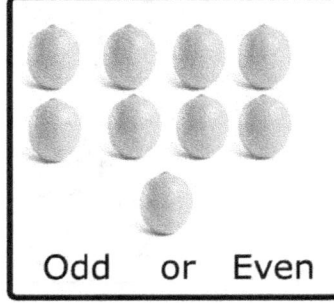

Odd   or   Even

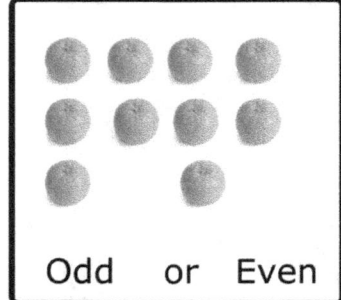

Odd   or   Even

Odd   or   Even

Name _____
Date _____

# Odd or Even Worksheet
Count and circle odd or even

Odd   or   Even

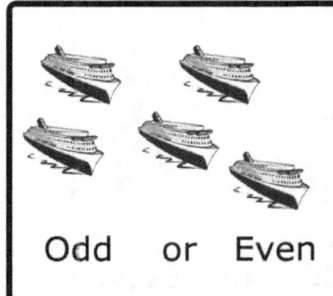

Odd   or   Even

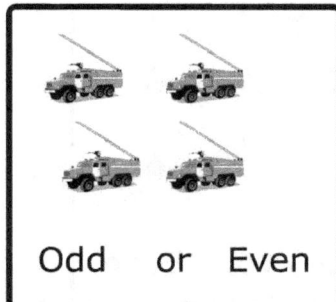

Odd   or   Even

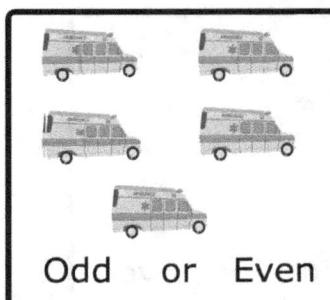

Odd   or   Even

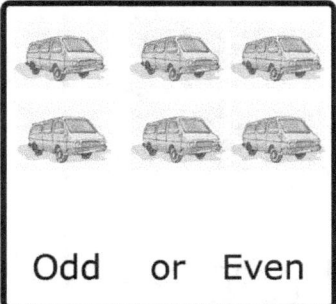

Odd   or   Even

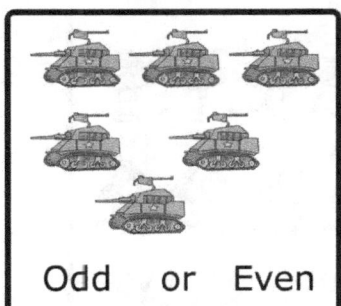

Odd   or   Even

Grade

Name _____
Date _____

## Odd or Even Worksheet
Count and circle odd or even

Odd   or   Even

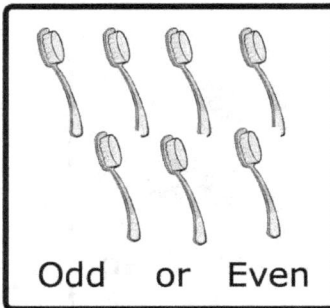

Odd   or   Even

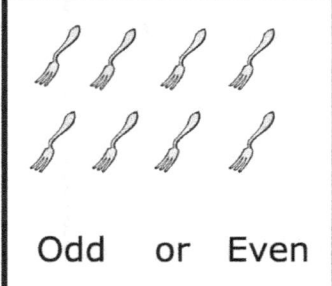

Odd   or   Even

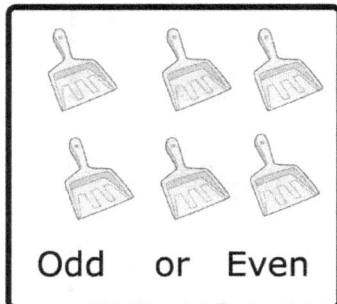

Odd   or   Even

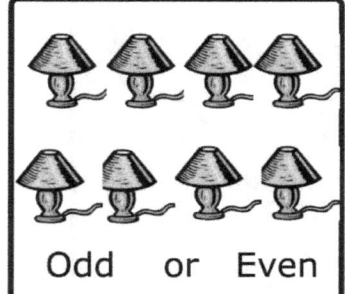

Odd   or   Even

Odd   or   Even

Name _____
Date _____

# Odd or Even Worksheet
Count and circle odd or even

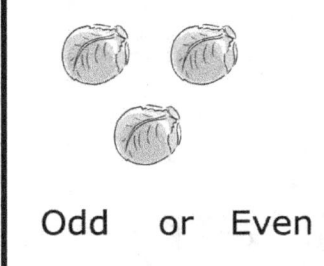

Odd    or    Even

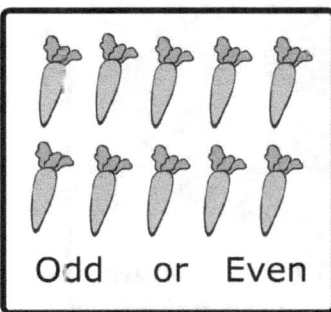

Odd    or    Even

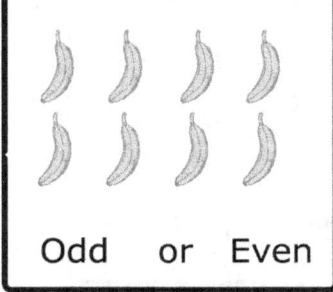

Odd    or    Even

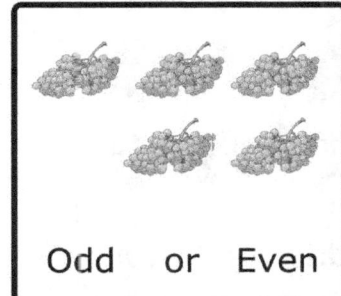

Odd    or    Even

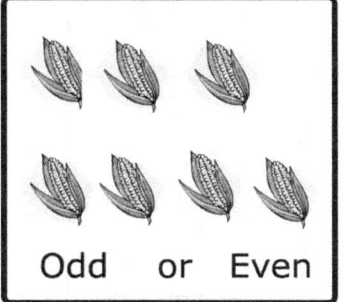

Odd    or    Even

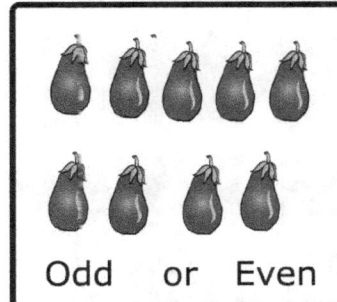

Odd    or    Even

Name _____
Date _____

# Odd or Even Worksheet
Count and circle odd or even

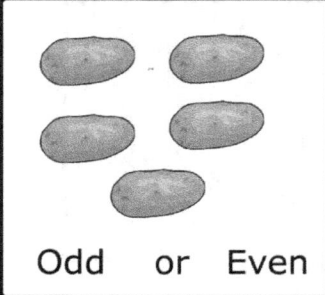

Odd    or    Even

Odd    or    Even

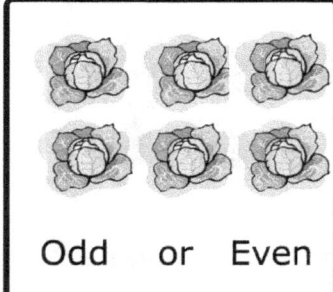

Odd    or    Even

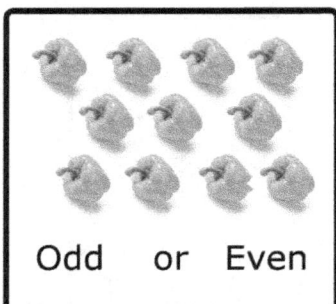

Odd    or    Even

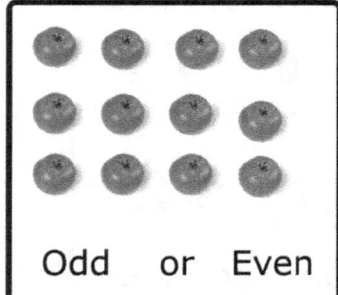

Odd    or    Even

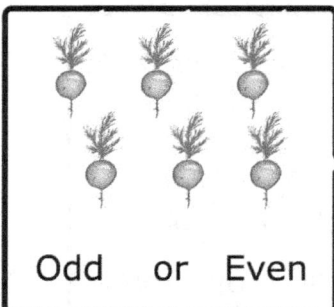

Odd    or    Even

Grade

Name _____
Date _____

# Odd or Even Worksheet
Count and circle odd or even

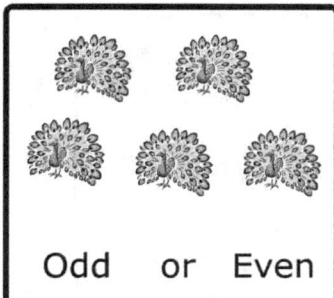

Odd   or   Even

Odd   or   Even

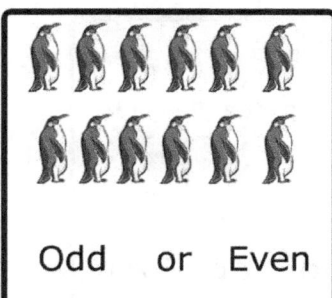

Odd   or   Even

Odd   or   Even

Odd   or   Even

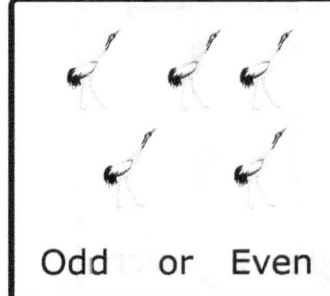

Odd   or   Even

Name _____
Date _____

# Odd or Even Worksheet
Count and circle odd or even

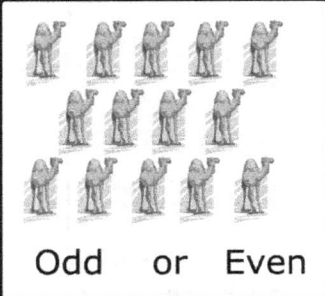
Odd   or   Even

Odd   or   Even

Odd   or   Even

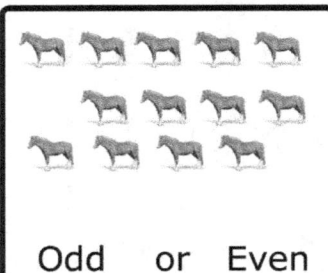
Odd   or   Even

Odd   or   Even

Odd   or   Even

Name _____
Date _____

# Odd or Even Worksheet
Count and circle odd or even

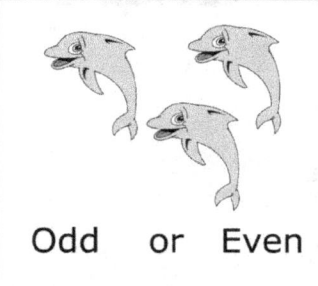

Odd    or    Even

Odd    or    Even

Odd    or    Even

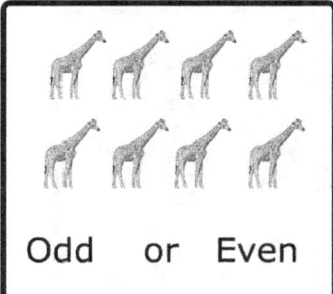

Odd    or    Even

Odd    or    Even

Odd    or    Even

Name _____
Date _____

# Odd or Even Worksheet
Count and circle odd or even

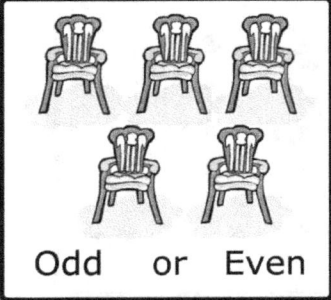

Odd   or   Even

Odd   or   Even

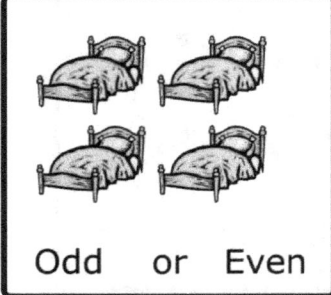

Odd   or   Even

Odd   or   Even

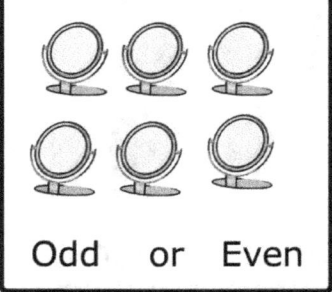

Odd   or   Even

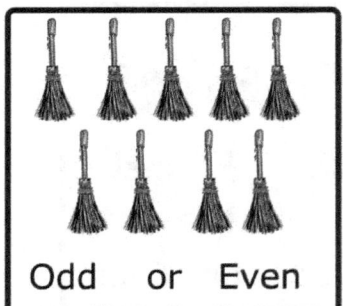

Odd   or   Even

Grade

Name _____
Date _____

# Odd or Even Worksheet
Count and circle odd or even

Odd    or    Even

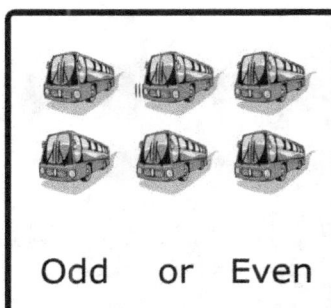

Odd    or    Even

Odd    or    Even

Odd    or    Even

Odd    or    Even

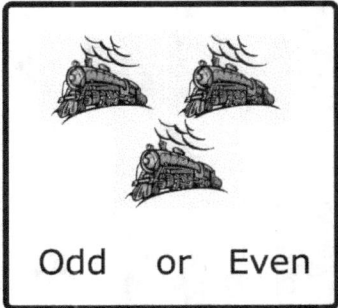

Odd    or    Even

Name _____
Date _____

## Addition

 = ☐

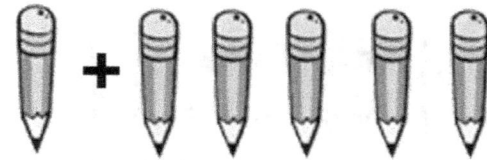 = ☐

= ☐

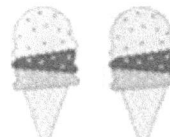  = ☐

 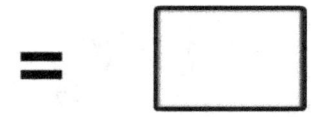 = ☐

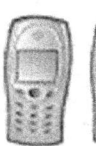  = ☐

Grade
☆ ☆ ☆
☆ ☆

Name _____
Date _____

## Addition

 =  ☐

 =  ☐

 =  ☐

 =  ☐

 =  ☐

Grade
☆ ☆ ☆
☆ ☆

Name _____
Date _____

## Addition

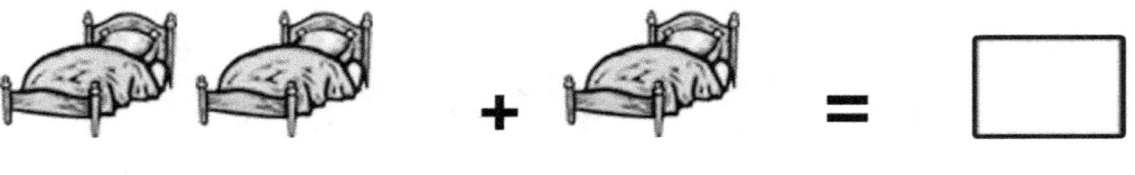

Grade

Name _____
Date _____

## Addition

  +   =

 +   =

   +   =

 +    =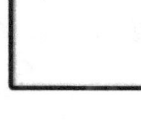

Grade
☆ ☆ ☆
☆ ☆

Name _____
Date _____

 +  =

 +  =

 +  =

 +  =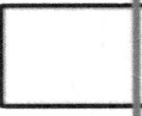

Grade
☆ ☆ ☆
☆ ☆

Name _____
Date _____

## Addition

Name _____
Date _____

## Addition

3 + 4 = ☐

5 + 4 = ☐

3 + 2 = ☐

4 + 3 = ☐

1 + 5 = ☐

Grade
☆ ☆ ☆
☆ ☆

Name _____
Date _____

## Addition

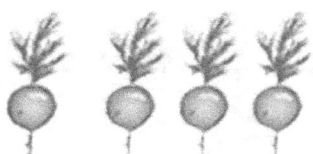 + 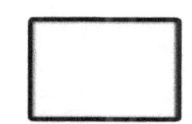 = ☐

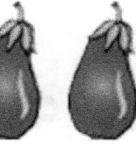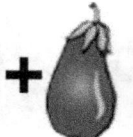 + 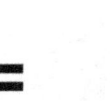 = ☐

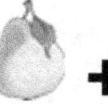 +  = ☐

 +  = ☐

 + 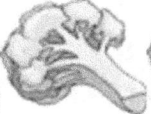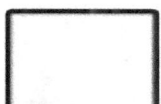 = ☐

Grade
☆ ☆ ☆
☆ ☆

## Addition

Name _____
Date _____

🏀 🏀 🏀 + 🏀 = ☐

🪥🪥🪥🪥🪥🪥 + 🪥🪥🪥 = ☐

🦎 + 🦎🦎🦎🦎🦎 = ☐

Grade
☆ ☆ ☆
☆ ☆

## Addition

Name _____
Date _____

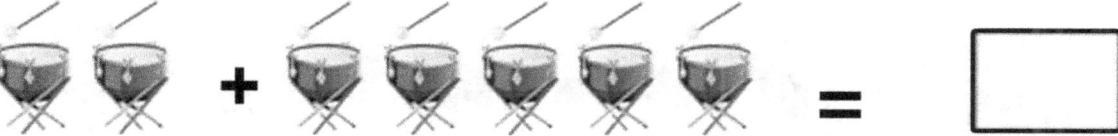

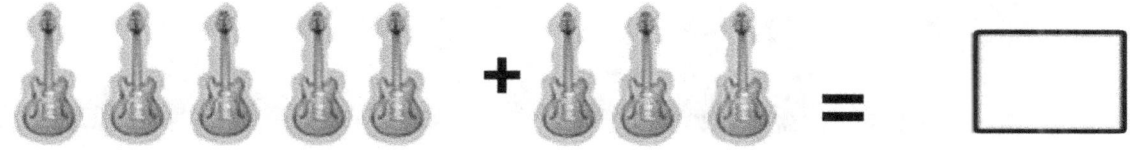

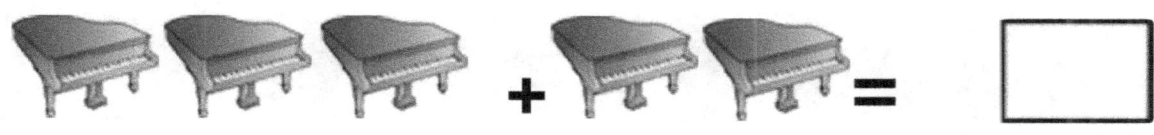

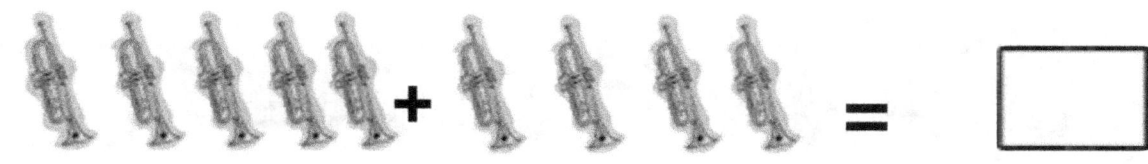

Grade

Name _____
Date _____

## Subtraction

 =

 =

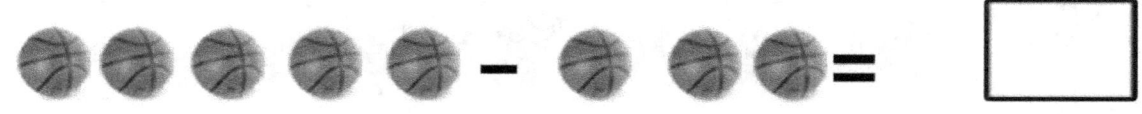 =

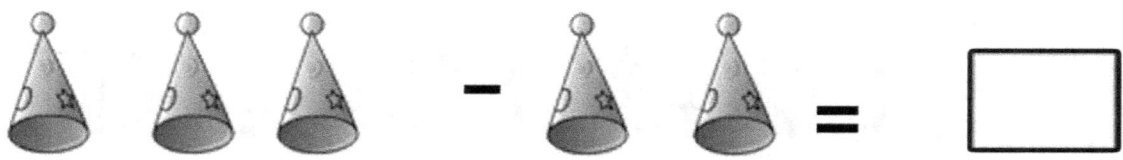 =

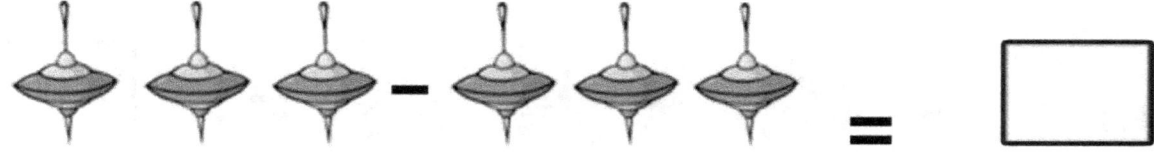 =

Grade

Name _____
Date _____

## Subtraction

 =  ☐

 =  ☐

 =  ☐

 =  ☐

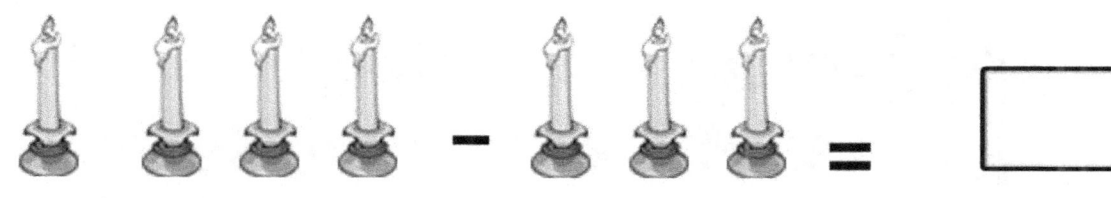 =  ☐

Grade
☆ ☆ ☆
☆ ☆

Name _____
Date _____

## Subtraction

   -      =

   Area = _____   =

     -    =

   -    =

          =

Grade

## Subtraction

Name _____
Date _____

   −  =

     − 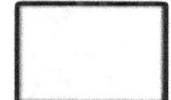 =

     −  =

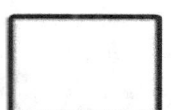

   −    =

    −    =

Grade
☆ ☆ ☆
☆ ☆

## Subtraction

Name _____
Date _____

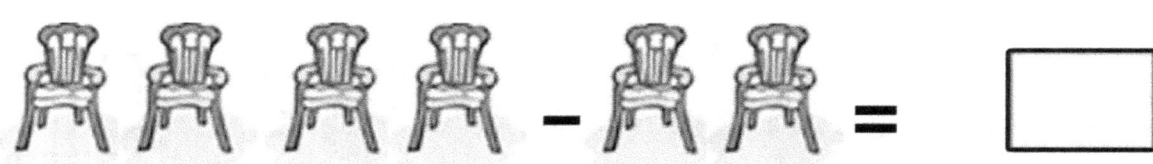

Grade

Name _____
Date _____

## Subtraction

 −  = ☐

 − 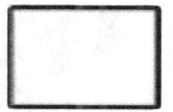 = ☐

 = ☐

 = ☐

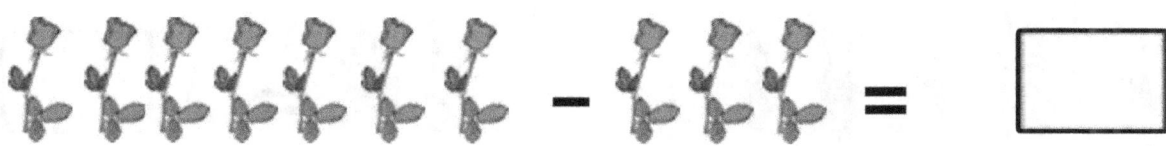 = ☐

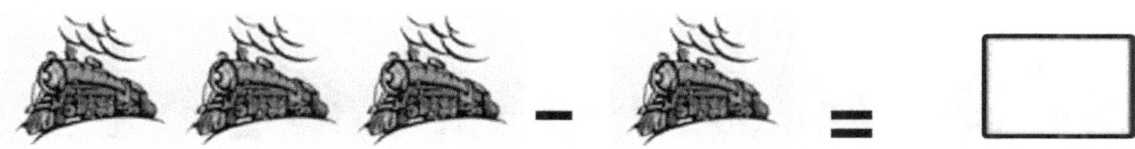 = ☐

Grade
☆ ☆ ☆
☆ ☆

Name _____
Date _____

## Subtraction

  −  =  ☐

   −   = ☐

   −  = ☐

   −  = ☐

    −   = ☐

Grade
☆ ☆ ☆
☆ ☆

## Subtraction

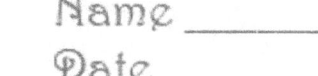

Name _____
Date _____

 −  = ☐

 −  = ☐

 −  = ☐

 −  = ☐

 −  = ☐

Grade ☆☆☆ ☆☆

Name _____
Date _____

## Subtraction

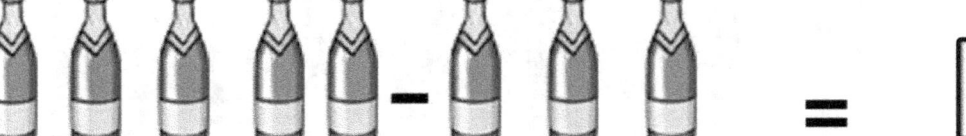  =  ☐

🧥🧥🧥🧥 - 🧥 = ☐

🥄🥄🥄🥄🥄 - 🥄🥄🥄🥄 = ☐

🔧🔧🔧🔧🔧 - 🔧🔧 = ☐

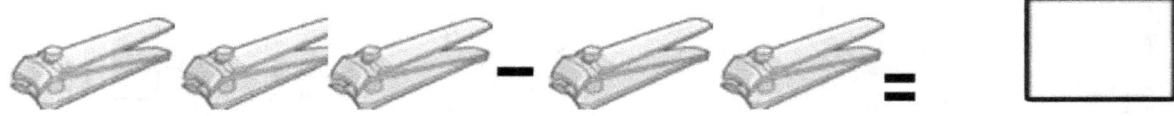 = ☐

Grade
☆ ☆ ☆
☆ ☆

Name _____
Date _____

## Subtraction

Grade

Name _____
Date _____

## Measure the Radius and Diameter

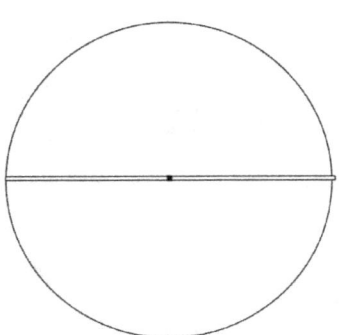
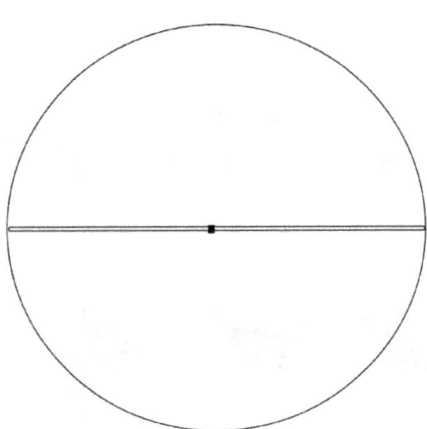

Radius = _____     Radius = _____

Diameter = _____   Diameter = _____

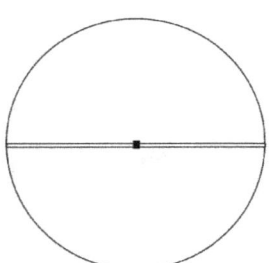
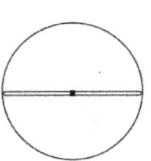

Radius = _____     Radius = _____

Diameter = _____   Diameter = _____

Grade

Name _____
Date _____

## Measure the Radius and Diameter

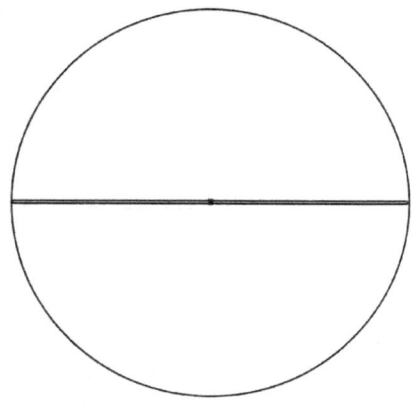

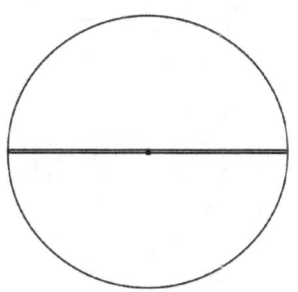

Radius = _____

Radius = _____

Diameter = _____

Diameter = _____

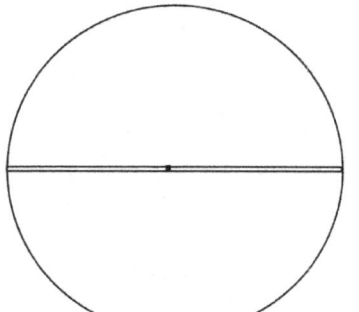

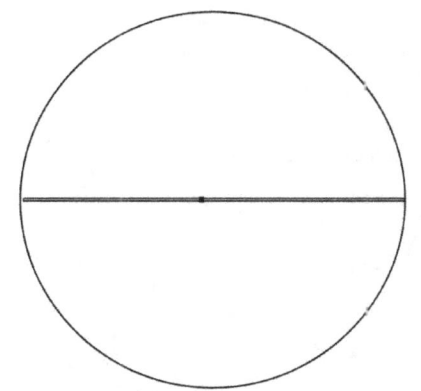

Radius = _____

Diameter = _____

Radius = _____

Diameter = _____

Grade

Name _____
Date _____

## Measure the Radius and Diameter

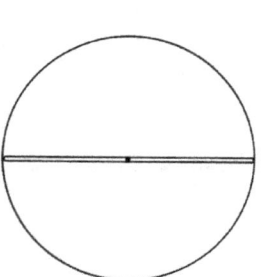

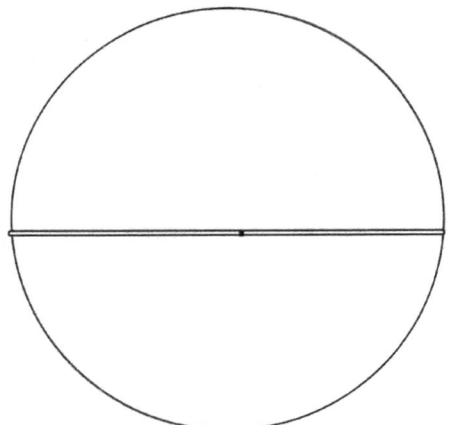

Radius   = _____
Diameter = _____

Radius   = _____

Diameter = _____

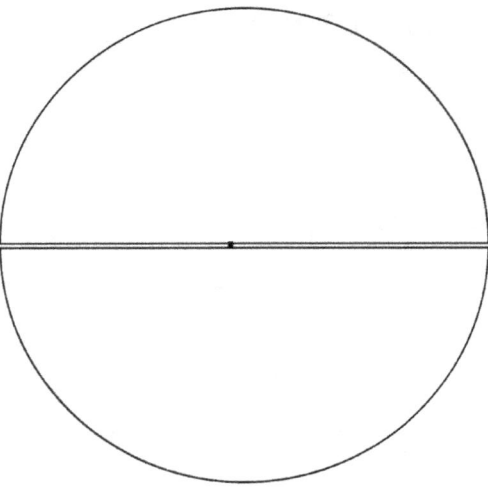

Radius   = _____
Diameter = _____

Radius   = _____

Diameter = _____

Grade

Name _____
Date _____

## Measure the Radius and Diameter

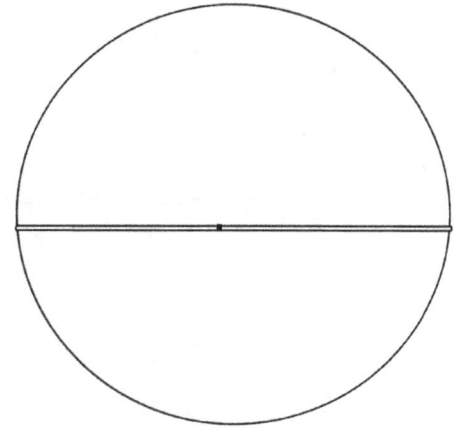

Radius = _____

Diameter = _____

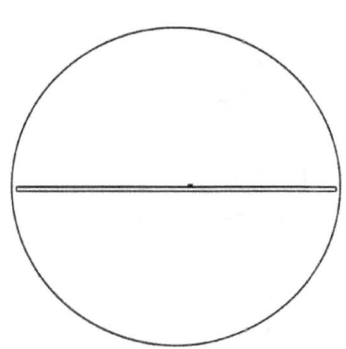

Radius = _____

Diameter = _____

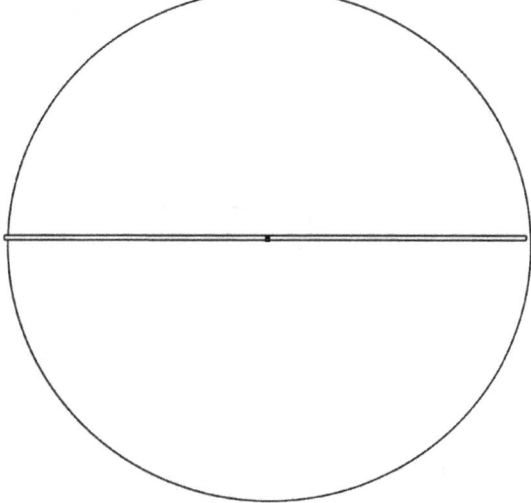

Radius = _____

Diameter = _____

Radius = _____

Diameter = _____

Grade

Name _____
Date _____

## Measure the Radius and Diameter

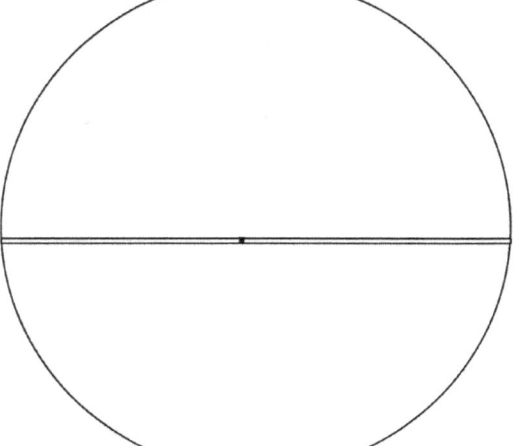
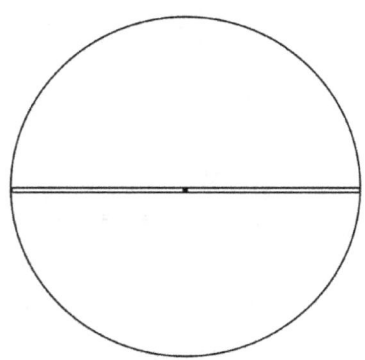

Radius = _____     Radius = _____

Diameter = _____   Diameter = _____

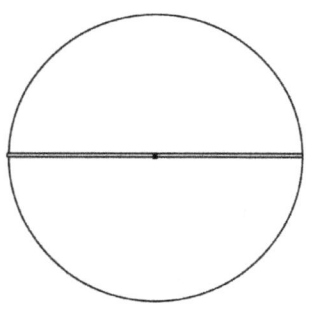

Radius = _____

Diameter = _____

Radius = _____

Diameter = _____

Grade

Name _____
Date _____

## Measure the Sides of Triangles

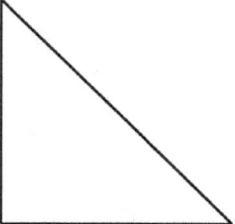
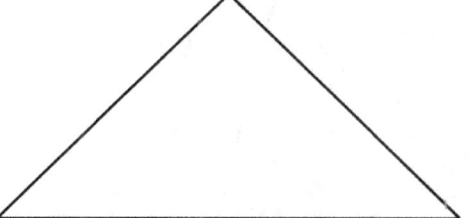

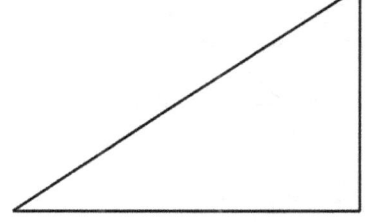
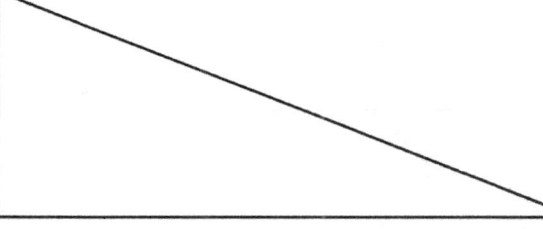

Grade

Name _____
Date _____

## Measure the Sides of Triangles

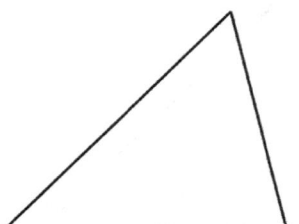
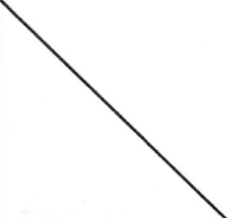
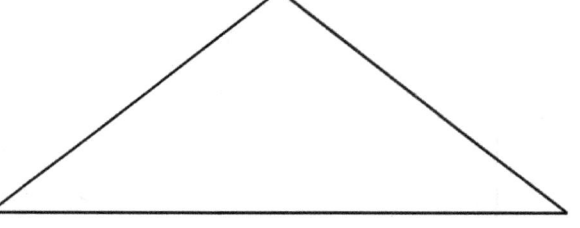
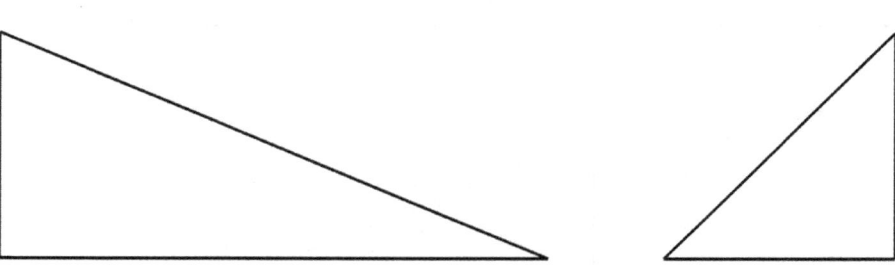

Grade

Name _____
Date _____

## Measure the Sides of Triangles

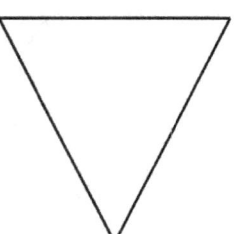
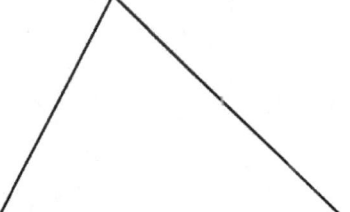
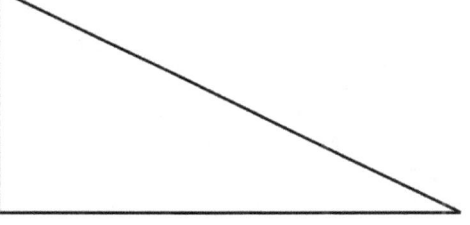
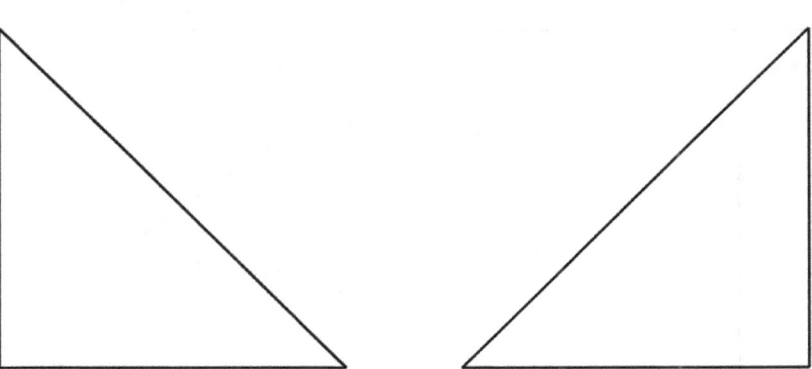

Grade
☆ ☆ ☆
☆ ☆

Name _____
Date _____

## Measure the Sides of Triangles

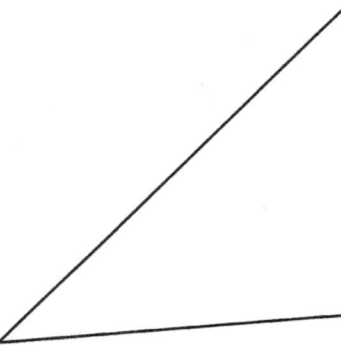
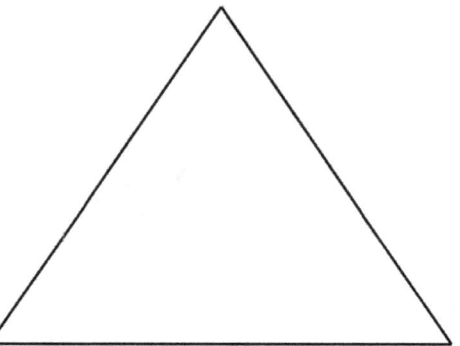
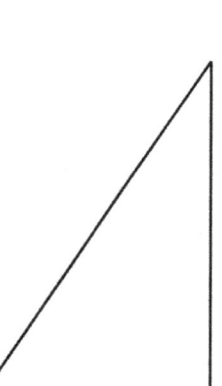
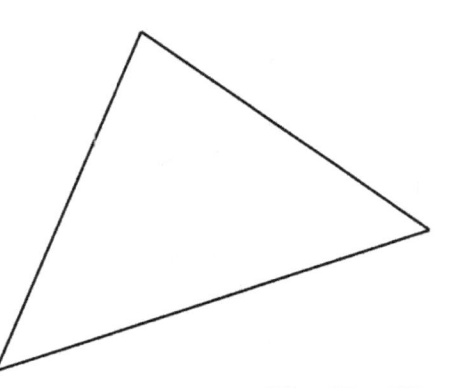

Grade

Name _____
Date _____

## Measure the Sides of Triangles

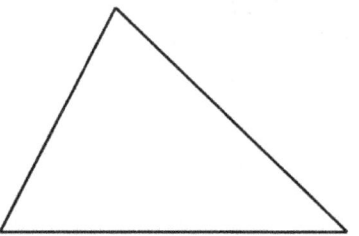
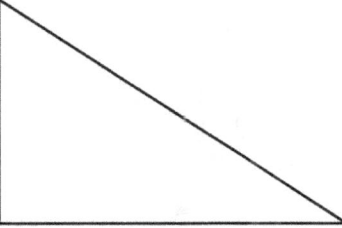
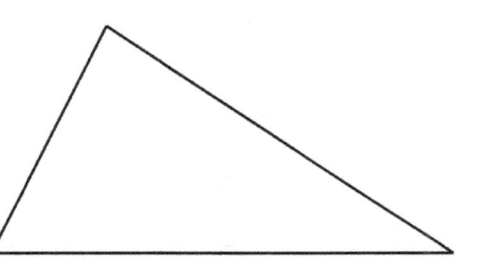

Grade

Name _____
Date _____

## Subtraction of two 1-digit numbers with carry

| 15  | 14  | 14  | 15  |
|-----|-----|-----|-----|
| -8  | -6  | -7  | -7  |

| 17  | 11  | 12  | 16  |
|-----|-----|-----|-----|
| -8  | -2  | -7  | -7  |

| 13  | 14  | 18  | 11  |
|-----|-----|-----|-----|
| -7  | -6  | -9  | -9  |

| 15  | 17  | 15  | 11  |
|-----|-----|-----|-----|
| -8  | -9  | -6  | -6  |

| 14  | 14  | 11  | 13  |
|-----|-----|-----|-----|
| -8  | -5  | -5  | -4  |

Grade

Name _____
Date _____

## Subtraction of two 1-digit numbers with carry

| 15 | 12 | 11 | 10 |
|----|----|----|----|
| -9 | -8 | -6 | -3 |

| 13 | 16 | 17 | 17 |
|----|----|----|----|
| -9 | -7 | -9 | -4 |

| 10 | 12 | 16 | 12 |
|----|----|----|----|
| -5 | -3 | -8 | -9 |

| 16 | 17 | 13 | 15 |
|----|----|----|----|
| -9 | -8 | -8 | -6 |

| 14 | 17 | 16 | 18 |
|----|----|----|----|
| -9 | -8 | -8 | -9 |

Grade

Name _____
Date _____

## Subtraction of two 1-digit numbers with carry

| 11  | 12  | 15  | 11  |
| -7  | -3  | -6  | -9  |

| 10  | 12  | 15  | 14  |
| -2  | -8  | -9  | -9  |

| 13  | 14  | 14  | 10  |
| -8  | -5  | -6  | -6  |

| 17  | 17  | 15  | 15  |
| -9  | -8  | -7  | -8  |

| 18  | 14  | 13  | 11  |
| -9  | -7  | -9  | -9  |

Grade

Name _____
Date _____

## Subtraction of two 1-digit numbers with carry

| 14  | 16  | 13  | 17  |
|-----|-----|-----|-----|
| -9  | -8  | -7  | -9  |

| 15  | 15  | 14  | 15  |
|-----|-----|-----|-----|
| -8  | -6  | -8  | -9  |

| 11  | 13  | 16  | 14  |
|-----|-----|-----|-----|
| -5  | -4  | -7  | -5  |

| 14  | 16  | 11  | 12  |
|-----|-----|-----|-----|
| -7  | -9  | -7  | -6  |

| 13  | 14  | 15  | 12  |
|-----|-----|-----|-----|
| -5  | -6  | -7  | -3  |

Grade

Name _____
Date _____

## Subtraction of two 1-digit numbers with carry

| 13 | 15 | 16 | 18 |
|----|----|----|----|
| -4 | -6 | -7 | -9 |
| ___ | ___ | ___ | ___ |

| 16 | 14 | 16 | 13 |
|----|----|----|----|
| -8 | -8 | -9 | -5 |
| ___ | ___ | ___ | ___ |

| 10 | 14 | 15 | 13 |
|----|----|----|----|
| -9 | -9 | -7 | -7 |
| ___ | ___ | ___ | ___ |

| 14 | 17 | 14 | 17 |
|----|----|----|----|
| -7 | -9 | -9 | -9 |
| ___ | ___ | ___ | ___ |

| 17 | 13 | 10 | 13 |
|----|----|----|----|
| -8 | -9 | -8 | -4 |
| ___ | ___ | ___ | ___ |

Grade

Name _____
Date _____

## Subtraction of two 1-digit numbers without carry

```
  3        5        6        5
 -2       -4       -4       -1
 ___      ___      ___      ___

  5        4        7        5
 -4       -2       -2       -3
 ___      ___      ___      ___

  6        5        6        7
 -2       -5       -1       -4
 ___      ___      ___      ___

  5        4        5        6
 -3       -3       -2       -3
 ___      ___      ___      ___

  8        4        6        5
 -1       -4       -1       -2
 ___      ___      ___      ___
```

Grade
☆ ☆ ☆
☆ ☆

Name _____
Date _____

## Subtraction of two 1-digit numbers without carry

```
   8        9        6        5
  -5       -7       -5       +4
  ___      ___      ___      ___

   6        4        7        2
  -2       -2       -1       -2
  ___      ___      ___      ___

   4        2        7        3
  -4       -1       -2       -1
  ___      ___      ___      ___

   6        5        5        3
  -2       -4       -2       -1
  ___      ___      ___      ___

   4        6        3        3
  -3       -3       -3       -2
  ___      ___      ___      ___
```

Grade
☆ ☆ ☆
☆ ☆

Name _____
Date _____

## Subtraction of two 1-digit numbers without carry

```
   2          4          9          6
  -1         -1         -4         -1
  ___        ___        ___        ___

   8          6          4          8
  +1         -2         -4         -4
  ___        ___        ___        ___

   5          3          5          8
  -3         -2         -1         -7
  ___        ___        ___        ___

   6          1          7          9
  -5         -1         -1         -5
  ___        ___        ___        ___

   6          6          6          4
  -4         -4         -3         -2
  ___        ___        ___        ___
```

Grade
☆ ☆ ☆
☆ ☆

Name _____
Date _____

## Subtraction of two 1-digit numbers without carry

| 8 | 6 | 5 | 6 |
|---|---|---|---|
| -6 | -4 | -3 | -1 |

| 6 | 3 | 4 | 5 |
|---|---|---|---|
| -2 | -1 | -2 | -1 |

| 4 | 8 | 5 | 2 |
|---|---|---|---|
| -3 | -1 | -2 | -2 |

| 5 | 4 | 5 | 6 |
|---|---|---|---|
| -4 | -3 | -3 | -1 |

| 9 | 6 | 6 | 4 |
|---|---|---|---|
| -1 | -3 | -5 | -1 |

Grade

Name _____
Date _____

## Subtraction of two 1-digit numbers without carry

```
  3            1            4            4
 -3           -1           -3           -2
____         ____         ____         ____


  2            7            5            7
 -1           -1           -3           -2
____         ____         ____         ____


  4            7            7            9
 -2           -1           -2           -5
____         ____         ____         ____


  8            5            4            3
 -4           -2           -3           -2
____         ____         ____         ____


  3            5            8            9
 -1           -4           -1           -8
____         ____         ____         ____
```

Grade
☆ ☆ ☆
☆ ☆

Name _____
Date _____

## Subtraction of two 2-digit numbers without carry

```
  13        15        16        15
 -12       -14       -14       -13
 ___       ___       ___       ___

  15        14        17        15
 -11       -12       -12       -13
 ___       ___       ___       ___

  26        25        46        17
 -12       -15       -31       -14
 ___       ___       ___       ___

  15        14        15        16
 -13       -13       -12       -13
 ___       ___       ___       ___

  28        24        16        25
 -11       -14       -11       -22
 ___       ___       ___       ___
```

Grade
☆ ☆ ☆
☆ ☆

Name _____
Date _____

## Subtraction of two 2-digit numbers without carry

| 23 | 31 | 14 | 34 |
|----|----|----|----|
| -13 | -21 | -13 | -12 |

| 52 | 57 | 55 | 57 |
|----|----|----|----|
| -41 | -41 | -53 | -42 |

| 34 | 37 | 27 | 29 |
|----|----|----|----|
| -22 | -31 | -22 | -25 |

| 48 | 45 | 44 | 43 |
|----|----|----|----|
| -44 | -32 | -23 | -12 |

| 33 | 25 | 18 | 49 |
|----|----|----|----|
| -31 | -24 | -11 | -48 |

Grade
☆ ☆ ☆
☆ ☆

Name _____
Date _____

## Subtraction of two 2-digit numbers without carry

```
  53        51        54        44
 -43       -41       -53       -42
 ___       ___       ___       ___

  42        37        35        27
 -31       -21       -33       -22
 ___       ___       ___       ___

  54        17        57        59
 -12       -11       -52       -15
 ___       ___       ___       ___

  28        25        14        23
 -14       -22       -13       -22
 ___       ___       ___       ___

  23        55        58        59
 -11       -54       -41       -38
 ___       ___       ___       ___
```

Grade

Name _____
Date _____

## Subtraction of two 2-digit numbers without carry

```
  23        35        46        45
 -22       -34       -44       -31
 ___       ___       ___       ___


  55        34        47        35
 -44       -32       -32       -23
 ___       ___       ___       ___


  26        45        36        37
 -12       -35       -21       -14
 ___       ___       ___       ___


  35        24        15        26
 -23       -13       -12       -13
 ___       ___       ___       ___


  28        44        26        15
 -21       -34       -21       -12
 ___       ___       ___       ___
```

Grade
☆ ☆ ☆
 ☆ ☆

Name _____
Date _____

## Subtraction of two 2-digit numbers without carry

| 28 | 29 | 16 | 15 |
|---|---|---|---|
| -15 | -27 | -15 | -14 |

| 46 | 44 | 57 | 52 |
|---|---|---|---|
| -42 | -32 | -41 | -52 |

| 54 | 42 | 57 | 53 |
|---|---|---|---|
| -53 | -41 | -42 | -41 |

| 36 | 35 | 45 | 43 |
|---|---|---|---|
| -22 | -34 | -32 | -31 |

| 54 | 56 | 53 | 53 |
|---|---|---|---|
| -43 | -43 | -33 | -22 |

Grade

Name _____
Date _____

## Subtraction of two 2-digit numbers without carry

```
  22          14          29          26
 -11         -11         -14         -11
 ____        ____        ____        ____


  38          26          34          38
 -21         -12         -34         -14
 ____        ____        ____        ____


  45          43          45          48
 -33         -22         -41         -17
 ____        ____        ____        ____


  56          51          57          59
 -45         -31         -21         -15
 ____        ____        ____        ____


  56          56          26          14
 -14         -24         -23         -12
 ____        ____        ____        ____
```

Grade
☆ ☆ ☆
☆ ☆

Name _____
Date _____

## Subtraction of two 2-digit numbers without carry

```
  58        56        55        56
 -56       -44       -43       -51
 ___       ___       ___       ___


  56        53        54        55
 -32       -41       -52       -31
 ___       ___       ___       ___


  14        28        35        42
 -13       -21       -32       -42
 ___       ___       ___       ___


  15        24        25        26
 -14       -13       -23       -11
 ___       ___       ___       ___


  59        56        56        54
 -21       -23       -55       -21
 ___       ___       ___       ___
```

Grade

Name _____
Date _____

## Subtraction of two 2-digit numbers without carry

```
  58        59        56        55
 -45       -57       -45       +54
 ___       ___       ___       ___

  36        24        17        22
 -12       -12       -11       -12
 ___       ___       ___       ___

  34        42        47        43
 -34       -31       -42       -21
 ___       ___       ___       ___

  56        55        55        53
 -12       -24       -32       -21
 ___       ___       ___       ___

  14        26        33        13
 -13       -23       -23       -12
 ___       ___       ___       ___
```

Grade
☆ ☆ ☆
☆ ☆

Name _____
Date _____

## Subtraction of two 2-digit numbers without carry

| 52 | 54 | 59 | 56 |
|---|---|---|---|
| -51 | -41 | -34 | -11 |

| 48 | 46 | 44 | 48 |
|---|---|---|---|
| -31 | -32 | -24 | -44 |

| 35 | 33 | 35 | 38 |
|---|---|---|---|
| -23 | -32 | -11 | -37 |

| 46 | 41 | 47 | 49 |
|---|---|---|---|
| -25 | -21 | -11 | -15 |

| 16 | 26 | 26 | 44 |
|---|---|---|---|
| -14 | -24 | -13 | -12 |

Grade

Name _____
Date _____

# Subtraction of two 2-digit numbers without carry

```
  18        26        35        46
 -16       -24       -33       -41
 ____      ____      ____      ____

  46        43        44        45
 -32       -31       -22       -41
 ____      ____      ____      ____

  44        38        25        12
 -43       -31       -22       -12
 ____      ____      ____      ____

  25        34        45        46
 -14       -23       -43       -41
 ____      ____      ____      ____

  49        46        46        44
 -41       -33       -25       -11
 ____      ____      ____      ____
```

Grade

Name _____
Date _____

## Subtraction of two 2-digit numbers with carry

```
  25        24        24        25
 -18       -16       -17       -17
 ___       ___       ___       ___

  37        31        32        36
 -28       -22       -27       -27
 ___       ___       ___       ___

  43        44        48        41
 -37       -36       -39       -39
 ___       ___       ___       ___

  55        57        55        51
 -48       -49       -46       -46
 ___       ___       ___       ___

  64        64        61        63
 -58       -55       -55       -54
 ___       ___       ___       ___
```

Grade

Name _____
Date _____

## Subtraction of two 2-digit numbers with carry

```
  84        86        83        87
 -69       -68       -67       -69
 ___       ___       ___       ___

  95        95        94        95
 -48       -46       -48       -49
 ___       ___       ___       ___

  91        93        96        94
 -15       -24       -37       -45
 ___       ___       ___       ___

  94        86        71        62
 -87       -79       -67       -56
 ___       ___       ___       ___

  83        84        85        82
 -75       -66       -47       -33
 ___       ___       ___       ___
```

Grade
☆ ☆ ☆
☆ ☆

Name _____
Date _____

## Subtraction of two 2-digit numbers with carry

```
  23        35        46        58
 -14       -26       -37       -49
 ___       ___       ___       ___


  76        74        76        73
 -68       -68       -69       -65
 ___       ___       ___       ___


  20        34        45        53
 -19       -29       -37       -47
 ___       ___       ___       ___


  64        57        44        37
 -57       -49       -39       -29
 ___       ___       ___       ___


  57        43        30        23
 -48       -39       -28       -14
 ___       ___       ___       ___
```

Grade

Name _____
Date _____

## Subtraction of two 2-digit numbers with carry

```
  65        62        61        60
 -59       -58       -56       -53
 ___       ___       ___       ___


  73        76        77        77
 -69       -67       -69       -64
 ___       ___       ___       ___


  80        82        86        82
 -75       -73       -78       -79
 ___       ___       ___       ___


  96        97        93        95
 -89       -88       -88       -86
 ___       ___       ___       ___


  24        27        26        28
 -19       -18       -18       -19
 ___       ___       ___       ___
```

Grade
☆ ☆ ☆
☆ ☆

Name _____
Date _____

## Subtraction of two 2-digit numbers with carry

```
  91        92        95        91
 -87       -83       -86       -89
 ___       ___       ___       ___

  80        82        85        84
 -72       -78       -79       -79
 ___       ___       ___       ___

  73        74        74        70
 -68       -65       -66       -66
 ___       ___       ___       ___

  67        67        65        65
 -59       -58       -57       -58
 ___       ___       ___       ___

  58        54        53        51
 -49       -47       -49       -49
 ___       ___       ___       ___
```

Grade

Name _____
Date _____

## Subtraction of two 2-digit numbers with carry

```
  44        46        43        47
 -39       -38       -37       -39
 ___       ___       ___       ___

  55        55        54        55
 -48       -46       -48       -49
 ___       ___       ___       ___

  51        53        56        54
 -15       -24       -37       -45
 ___       ___       ___       ___

  44        46        41        42
 -17       -29       -37       -36
 ___       ___       ___       ___

  63        64        65        62
 -55       -56       -57       -53
 ___       ___       ___       ___
```

Grade
☆ ☆ ☆
☆ ☆

Name _____
Date _____

## Subtraction of two 2-digit numbers with carry

```
  93        85        86        78
 -84       -76       -77       -69
 ___       ___       ___       ___

  66        64        56        53
 -58       -58       -49       -35
 ___       ___       ___       ___

  50        44        35        23
 -49       -39       -27       -17
 ___       ___       ___       ___

  24        37        44        57
 -17       -29       -39       -49
 ___       ___       ___       ___

  67        73        90        93
 -58       -69       -88       -84
 ___       ___       ___       ___
```

Grade
☆ ☆ ☆
☆ ☆

Name _____
Date _____

## Subtraction of two 2-digit numbers with carry

```
  65        64        64        64
 -18       -26       -37       -47
 ___       ___       ___       ___


  77        71        72        76
 -18       -22       -37       -47
 ___       ___       ___       ___


  83        84        88        81
 -17       -26       -39       -49
 ___       ___       ___       ___


  95        97        95        91
 -18       -29       -36       -46
 ___       ___       ___       ___


  54        54        51        53
 -48       -45       -45       -44
 ___       ___       ___       ___
```

Grade
☆ ☆ ☆
☆ ☆

Name _____
Date _____

## Subtraction of two 2-digit numbers with carry

| 55    | 42    | 31    | 20    |
| -49   | -38   | -26   | -13   |

| 43    | 36    | 37    | 37    |
| -39   | -27   | -19   | -24   |

| 80    | 82    | 86    | 82    |
| -15   | -23   | -38   | -49   |

| 96    | 97    | 93    | 95    |
| -19   | -28   | -38   | -46   |

| 74    | 77    | 76    | 78    |
| -69   | -68   | -68   | -69   |

Grade

Name _____
Date _____

## Subtraction of two 2-digit numbers with carry

| 51 | 52 | 55 | 51 |
|---|---|---|---|
| -47 | -43 | -46 | -49 |

| 50 | 52 | 55 | 54 |
|---|---|---|---|
| -32 | -38 | -39 | -39 |

| 33 | 34 | 34 | 30 |
|---|---|---|---|
| -18 | -15 | -16 | -16 |

| 47 | 47 | 45 | 45 |
|---|---|---|---|
| -29 | -28 | -27 | -28 |

| 68 | 64 | 63 | 61 |
|---|---|---|---|
| -39 | -37 | -39 | -39 |

Grade

Name _____
Date _____

## What Comes After

8 → 9

7 →

6 →

12 →

9 →

18 →

11 →

17 →

13 →

10 →

Grade

Name _____
Date _____

## What Comes After

| 4 → 5 | 16 → ☐ |
| 8 → ☐ | 20 → ☐ |
| 12 → ☐ | 22 → ☐ |
| 14 → ☐ | 24 → ☐ |
| 18 → ☐ | 10 → ☐ |

Grade

Name _____
Date _____

## What Comes After

2 → 3          15 →

4 →            17 →

6 →            19 →

5 →            22 →

18 →           16 →

Grade

Name _____
Date _____

## What Comes After

1 → 2

5 → 

7 → 

9 → 

11 → 

13 → 

15 → 

19 → 

21 → 

8 → 

Grade

Name _____
Date _____

## What Comes After

7 → 8         5 →

11 →          18 →

15 →          12 →

20 →          19 →

24 →          2 →

Grade

Name _____
Date _____

## What Comes After

| 2 → 3 | 19 → ☐ |
| 5 → ☐ | 26 → ☐ |
| 8 → ☐ | 28 → ☐ |
| 10 → ☐ | 30 → ☐ |
| 13 → ☐ | 33 → ☐ |

Grade
☆ ☆ ☆
☆ ☆

Name _____
Date _____

## What Comes After

76 → 77        94 → ☐

80 → ☐         37 → ☐

81 → ☐         28 → ☐

86 → ☐         16 → ☐

91 → ☐         13 → ☐

Grade

Name _____
Date _____

## What Comes After

| 19 → 20 | 71 → ☐ |
| 65 → ☐ | 86 → ☐ |
| 54 → ☐ | 44 → ☐ |
| 23 → ☐ | 39 → ☐ |
| 59 → ☐ | 49 → ☐ |

Grade
☆ ☆ ☆
☆ ☆

Name _____
Date _____

## What Comes After

11 → 12          25 →

13 →             27 →

15 →             30 →

18 →             32 →

22 →             36 →

Grade

Name _____
Date _____

## What Comes After

31 → 32          44 → ☐

34 → ☐          48 → ☐

37 → ☐          51 → ☐

40 → ☐          54 → ☐

42 → ☐          56 → ☐

Grade

Name _____
Date _____

## What Comes After

42 → 43

59 → ☐

45 → ☐

62 → ☐

48 → ☐

65 → ☐

52 → ☐

24 → ☐

56 → ☐

37 → ☐

Grade

Name _____
Date _____

## What Comes After

37 → 38       28 → ☐

39 → ☐        16 → ☐

45 → ☐        74 → ☐

32 → ☐        79 → ☐

29 → ☐        64 → ☐

Grade

Name _____
Date _____

## What Comes After

19 → 20        52 →

24 →           64 →

37 →           73 →

43 →           83 →

56 →           92 →

Grade

Name _____
Date _____

## What Comes After

53 → 54          73 → ☐

57 → ☐           77 → ☐

61 → ☐           79 → ☐

66 → ☐           85 → ☐

69 → ☐           89 → ☐

Grade

Name _____
Date _____

## What Comes After

62 → 63    84 → ☐

68 → ☐    86 → ☐

71 → ☐    92 → ☐

75 → ☐    95 → ☐

79 → ☐    99 → ☐

Grade

Name _____
Date _____

## What Comes After & Before

5 → 6          10 ← 11

☐ ← 3          8 → ☐

14 → ☐         19 → ☐

☐ ← 23         ☐ ← 9

13 → ☐         17 → ☐

Grade

Name _____
Date _____

## What Comes After & Before

1 → 2          ☐ ← 18

☐ ← 7          5 → ☐

21 → ☐         24 → ☐

☐ ← 15         ☐ ← 10

12 → ☐         20 → ☐

Grade

Name _____
Date _____

## What Comes After & Before

3 → 4     12 ← 13

☐ ← 23    5 → ☐

17 → ☐    21 → ☐

☐ ← 9     ☐ ← 25

7 → ☐     19 → ☐

Grade

Name _____
Date _____

## What Comes After & Before

| 4 → 5 | 21 ← 22 |
| ☐ ← 12 | 9 → ☐ |
| 14 → ☐ | 17 → ☐ |
| ☐ ← 3 | ☐ ← 20 |
| 2 → ☐ | 16 → ☐ |

Grade

Name _____
Date _____

## What Comes After & Before

1 → 2          15 ← 16

☐ ← 11         2 → ☐

13 → ☐         23 → ☐

☐ ← 6          ☐ ← 25

15 → ☐         21 → ☐

Grade

Name _____
Date _____

## What Comes After & Before

4 → 5         21 ← 22

☐ ← 12        9 → ☐

14 → ☐        17 → ☐

☐ ← 3         ☐ ← 20

2 → ☐         16 → ☐

Grade

Name _____
Date _____

## What Comes Before

| 1 | ← | 2 |   | ← | 15 |
|---|---|---|---|---|---|
|   | ← | 6 |   | ← | 17 |
|   | ← | 9 |   | ← | 20 |
|   | ← | 13 |   | ← | 18 |
|   | ← | 10 |   | ← | 7 |

Grade

Name _____
Date _____

## What Comes Before

| 13 | ← | 14 |   | ☐ | ← | 52 |
|----|---|----|---|----|---|----|
| ☐ | ← | 7  |   | ☐ | ← | 64 |
| ☐ | ← | 42 |   | ☐ | ← | 73 |
| ☐ | ← | 37 |   | ☐ | ← | 100 |
| ☐ | ← | 41 |   | ☐ | ← | 54 |

Grade

Name _____
Date _____

## What Comes Before

| 4 | ← | 5 |   | ☐ | ← | 59 |
|---|---|---|---|---|---|----|
| ☐ | ← | 13 |   | ☐ | ← | 61 |
| ☐ | ← | 26 |   | ☐ | ← | 77 |
| ☐ | ← | 34 |   | ☐ | ← | 83 |
| ☐ | ← | 44 |   | ☐ | ← | 95 |

Grade
☆ ☆ ☆
☆ ☆

Name _____
Date _____

## What Comes Before

| 10 | ← | 11 |   |   | ← | 24 |
|----|---|----|---|---|---|----|
|    | ← | 15 |   |   | ← | 27 |
|    | ← | 18 |   |   | ← | 29 |
|    | ← | 13 |   |   | ← | 30 |
|    | ← | 22 |   |   | ← | 32 |

Grade

Name _____
Date _____

## What Comes Before

| 21 | ← | 22 |   |   | ← | 42 |
|    | ← | 25 |   |   | ← | 46 |
|    | ← | 31 |   |   | ← | 49 |
|    | ← | 38 |   |   | ← | 53 |
|    | ← | 39 |   |   | ← | 29 |

Grade

Name _____
Date _____

## What Comes Before

| 5 | ← | 6 |  | ☐ | ← | 28 |
|---|---|---|---|---|---|---|
| ☐ | ← | 9 |  | ☐ | ← | 32 |
| ☐ | ← | 13 |  | ☐ | ← | 36 |
| ☐ | ← | 19 |  | ☐ | ← | 42 |
| ☐ | ← | 24 |  | ☐ | ← | 48 |

Grade

Name _____
Date _____

## What Comes Before

| 11 | ← | 12 |     |   | ← | 29 |
|----|---|----|-----|---|---|----|
|    | ← | 24 |     |   | ← | 64 |
|    | ← | 47 |     |   | ← | 36 |
|    | ← | 56 |     |   | ← | 82 |
|    | ← | 74 |     |   | ← | 21 |

Grade

Name _____
Date _____

## What Comes Before

| 30 | ← | 31 |   | ☐ | ← | 49 |
|----|---|----|---|---|---|----|

| ☐ | ← | 34 |   | ☐ | ← | 50 |

| ☐ | ← | 39 |   | ☐ | ← | 56 |

| ☐ | ← | 43 |   | ☐ | ← | 59 |

| ☐ | ← | 46 |   | ☐ | ← | 64 |

Grade ☆ ☆ ☆ ☆ ☆

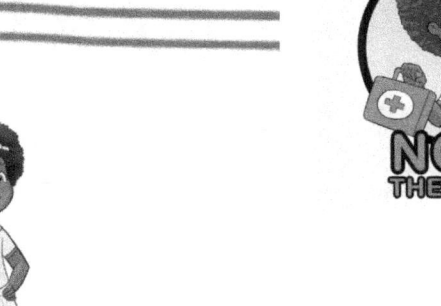

Name _____
Date _____

## What Comes Before

| 41 | ← | 42 |   |   | ← | 83 |
|    | ← | 47 |   |   | ← | 96 |
|    | ← | 28 |   |   | ← | 99 |
|    | ← | 18 |   |   | ← | 89 |
|    | ← | 72 |   |   | ← | 57 |

Grade

Name _____
Date _____

## What Comes Before

| 15 | ← | 16 |   |   | ← | 59 |
|----|---|----|---|---|---|----|

|    | ← | 6  |   |   | ← | 91 |

|    | ← | 67 |   |   | ← | 96 |

|    | ← | 79 |   |   | ← | 94 |

|    | ← | 87 |   |   | ← | 47 |

Grade

Name _____
Date _____

## What Comes Before

| 1 ← 2 | ☐ ← 15 |
| ☐ ← 6 | ☐ ← 17 |
| ☐ ← 9 | ☐ ← 20 |
| ☐ ← 13 | ☐ ← 18 |
| ☐ ← 10 | ☐ ← 7 |

Grade
☆ ☆ ☆
☆ ☆

Name _____
Date _____

## What Comes Before

| 13 | ← | 14 |   |   | ← | 52 |
|    | ← | 7  |   |   | ← | 64 |
|    | ← | 42 |   |   | ← | 73 |
|    | ← | 37 |   |   | ← | 100 |
|    | ← | 41 |   |   | ← | 54 |

Grade

Name _____
Date _____

## What Comes Before

| 4 | ← | 5 |     |   | ← | 59 |
|   | ← | 13 |    |   | ← | 61 |
|   | ← | 26 |    |   | ← | 77 |
|   | ← | 34 |    |   | ← | 83 |
|   | ← | 44 |    |   | ← | 95 |

Grade

Name _____
Date _____

## What Comes Before

| 10 | ← | 11 |  | ← | 24 |
|---|---|---|---|---|---|
|    | ← | 15 |  | ← | 27 |
|    | ← | 18 |  | ← | 29 |
|    | ← | 13 |  | ← | 30 |
|    | ← | 22 |  | ← | 32 |

Grade

Name _____
Date _____

## What Comes Before

| 21 | ← | 22 |   | ☐ | ← | 42 |
|---|---|---|---|---|---|---|
| ☐ | ← | 25 |   | ☐ | ← | 46 |
| ☐ | ← | 31 |   | ☐ | ← | 49 |
| ☐ | ← | 38 |   | ☐ | ← | 53 |
| ☐ | ← | 39 |   | ☐ | ← | 29 |

Grade

Name _____
Date _____

## What Comes Before

| 5 | ← | 6 |   |   | ← | 28 |
|---|---|---|---|---|---|---|
|   | ← | 9 |   |   | ← | 32 |
|   | ← | 13 |   |   | ← | 36 |
|   | ← | 19 |   |   | ← | 42 |
|   | ← | 24 |   |   | ← | 48 |

Grade
☆ ☆ ☆
☆ ☆

Name _____
Date _____

## What Comes Before

| 11 | ← | 12 |  | ← | 29 |
|---|---|---|---|---|---|
|   | ← | 24 |   | ← | 64 |
|   | ← | 47 |   | ← | 36 |
|   | ← | 56 |   | ← | 82 |
|   | ← | 74 |   | ← | 21 |

Grade

Name _____
Date _____

## What Comes Before

| 30 | ← | 31 | | | ← | 49 |
| | ← | 34 | | | ← | 50 |
| | ← | 39 | | | ← | 56 |
| | ← | 43 | | | ← | 59 |
| | ← | 46 | | | ← | 64 |

Grade

Name _____
Date _____

## What Comes Before

| 41 | ← | 42 |   | ☐ | ← | 83 |
|----|---|----|---|---|---|----|
| ☐  | ← | 47 |   | ☐ | ← | 96 |
| ☐  | ← | 28 |   | ☐ | ← | 99 |
| ☐  | ← | 18 |   | ☐ | ← | 89 |
| ☐  | ← | 72 |   | ☐ | ← | 57 |

Grade

Name _____
Date _____

## What Comes Before

| 15 | ← | 16 |   | ☐ | ← | 59 |
|----|---|----|---|---|---|----|

| ☐ | ← | 6 |   | ☐ | ← | 91 |

| ☐ | ← | 67 |   | ☐ | ← | 96 |

| ☐ | ← | 79 |   | ☐ | ← | 94 |

| ☐ | ← | 87 |   | ☐ | ← | 47 |

Grade

Name _____
Date _____

## Measure the rectangles

1.

2.

Width = _____
Height = _____

Width = _____
Height = _____

3.

4.

Width = _____
Height = _____

Width = _____
Height = _____

Name _____
Date _____

# Measure the rectangles

1.

Width = _____
Height = _____

2.

Width = _____
Height = _____

3.

Width = _____
Height = _____

4.

Width = _____
Height = _____

Name _____
Date _____

## Measure the rectangles

1.

Width = _____
Height = _____

2. 

Width = _____
Height = _____

3.

Width = _____
Height = _____

4.

Width = _____
Height = _____

Grade

Name _____
Date _____

## Measure the rectangles

1.

2.

Width  = _____
Height = _____

Width  = _____
Height = _____

3.

4.

Width  = _____
Height = _____

Width  = _____
Height = _____

Grade

Name _____
Date _____

## Measure the rectangles

1.

Width = _____
Height = _____

2.

Width = _____
Height = _____

3.

Width = _____
Height = _____

4.

Width = _____
Height = _____

Grade

**These following free color sheets are placed here to help you get to know the characters from the Nola The Nurse® children's book series. Enjoy and pick up a copy of the hottest selling children's book in America that was recently featured on The Harry Show!**

# Nola The Nurse

# Dr. Eden Nurse Practitioner

# Maddi the Midwife

# Charo The CRNA

# Adar

# Dr. Baker Nurse Practitioner

More books by Dr. Baker

Nola The Nurse® She's On The Go Series Vol 1
Nola The Nurse® & Friends Explore The Holi Fest She's On The Go Series Vol 2
Nola The Nurse® & Friends Explore The Holi Fest She's On The Go Series Vol 2 Coloring Book
Nola The Nurse® Remembers Hurricane Katrina Special Edition
Nola The Nurse® Remembers Hurricane Katrina Special Edition Coloring Book
Black Dot
Nola The Nurse® Activity Book for Kindergarten Vol 2
Nola The Nurse® Math Activity Book for Preschoolers Vol 1

Upcoming Titles:

Nola The Nurse® English/Sight Worksheets for Kindergarten Vol 4
Nola The Nurse® Math/English Worksheets for Preschoolers Vol 5
Nola The Nurse® Math Worksheets for First Graders Vol 6
Nola The Nurse® STEM Activity Book for 5-8 year olds Vol 7

www.NolaTheNurse.com
DrBaker@NolaTheNurse.com

# About the Author

Dr. Scharmaine L. Baker, NP is a nationally recognized and award-winning nurse practitioner in New Orleans, Louisiana. She has received numerous honors and awards for her contributions to healthcare in New Orleans since she became a family nurse practitioner in 2000, including the 2013 Healthcare Hero award (New Orleans City Business magazine) and 2008 Entrepreneur of the Year award (ADVANCE for Nurse Practitioner magazine).

Dr. Baker has a doctor of nursing practice (DNP) degree from Chatham University in Pittsburgh, PA, and she is a fellow of the American Association of Nurse Practitioners (AANP). She was inspired to make house calls while caring for her grandmother, who was ill and needed an in-home doctor.

After Hurricane Katrina, Dr. Baker was instrumental in caring for the sick and disabled in New Orleans, where hospitals had closed and doctors had evacuated but never returned. Her patient load went from 100 to 500 in only three months. Thanks to her passion and unwavering dedication to caring for homebound patients in her home town, Dr. Baker's story was featured on the CBS Evening News with Katie Couric.

Today, Dr. Baker maintains a busy private practice in New Orleans by making house calls to the elderly and disabled who would otherwise not receive healthcare.

When this award-winning and nationally known nurse practitioner is not on the road delivering keynote speeches and attending various other media events, she loves reading to her children, Skylar Rose and Wyatt Shane.

www.DrBakerNP.com
www.NolaTheNurse.com
https://shop.nolathenurse.com

www.ingramcontent.com/pod-product-compliance
Lightning Source LLC
Chambersburg PA
CBHW081342080526
44588CB00016B/2355